당장 교회로부터 도망가라

믿음이란 한 알의 밀알이 땅에 떨어져 죽음으로 많은 열매를 맺음과 같이 진리의 열매를 위하여 스스로 죽는 것을
뜻합니다. 눈으로 볼 수는 없으나 영원히 살아 있는 진리와 목숨을 맞바꾸는 자들을 우리는 믿는 이라고 부릅니다.
「믿음의 글들」은 평생, 혹은 가장 귀한 순간에 진리를 위하여 죽거나 죽기를 결단하는 참 믿는 이들의, 참 믿는 이들을
위한, 참 믿음의 글들입니다.

닭장교회로부터 도망가라

정용성 지음

이 책은 의도적 작은 교회론 한테이다.
제주 시내의 작은 카페를 빌려,
무리한 투자 없이 사람에 촛점을 맞추고 시작한
폭력이없는교회 묵리 이야기이기도 하다.
"당신의 이근처가 기억 못하는 목사를 보면"
"교회를 양계장화로 여기는 교회로부터"
떠나가고 저자는 더 크고 더 편한 곳으로 옮겨가는
'수평이동'을 '현상'을 이제 '상향이동'이라 부르자 제안한다.
의도적 작은 교회는 '상향이동'이 아닌,
나사렛 예수가 걸어간 '하향이동'의 길을 따르려는 몸짓이다.
중심이 아닌 변두리로, 면류관이 아닌 단두대로 가자는,
작은 곳이 아름답다는 선언이다.

홍성사.

차례

도망 가십시오,

교회 에서

네가 만약 괴로울 때면 내가 위로해 줄게

네가 만약 서러울 때면 내가 눈물이 되리

어두운 밤 험한 길 걸을 때 내가 너의 등불이 되리

허전하고 쓸쓸할 때 내가 너의 벗 되리라

나는 너의 영원한 형제야 나는 너의 친구야

나는 너의 영원한 노래야 나는 너의 기쁨이야

교회를 개척하고 처음에 함께했던 분들이 생각난다. 막막하고 힘들고 어려울 때에 함께 있어 주었던 분들이 고맙다. 그분들의 격려와 위로가 아니었다면 의식주를 위해 혹은 성공의 불나비가 되어서, 끝없이 질주하는 폭주 기관차에 타고 있을 것이다. 그래서 가끔 임재범이 불렀던 윤복희의 '여러분'을 다시 듣는다. 이런 가사처럼 목회를 하고 싶다.

교회는 세상에서 성공한 사람들이 신적 인정을 받는 곳이 아니다. 세상에서 실패하고 상처를 입고 아파하는 분들이 와서 치유되고 쉼을 얻어서 다시 세상으로 나아갈 힘을 얻는 곳이다. 교회는 서러운 사람의 눈물이 되어 주고, 어둡고 험한 길을 걸어가는 사람의 등불이 되고, 허전하고 쓸쓸한 사람의 벗이 되어 주는 곳이다. 이들의 가족이 되고 친구가 되고 노래가 되고 기쁨이 되는 곳이 교회이다. 군림하지 않고, 거절감을 주지 않고, 차별하지 않고, 가면무도회를 하지 않고, 진리와 진심이 통하는 공동체가 교회이다.

이 책은 작은 교회로의 의도적인 초대이다. 한 교회를 개척하여 지내 오면서 생각하고 실천하였던 내용을 바탕으로 독자를 초청하고 싶다. 작은 교회를 위한 변명이나 불평이 아니다. 큰 교회 비난이나 원망도 아니다. 반복하는 실패가 아닌 다른 길이 있다고 말하고 싶다. 다른 길을 가다 보니 행복해서 초대하고 싶다.

수평 이동이 한국 교회 병리 현상의 주범이라고 한다. 동의하지 않는다. 함께 사역하였던 제자 목사가 개척을 했다. 이전에 있던 교인들이 몇 명 갔다. "그 교회는 수평 이동으로 존재하는 교회냐?" 항의를 듣는다고 했다. 수평 이동은 무슨 수평 이동? 아니다. "우리 교회는 하향 이동을 시키는 교회라고 반박해라"고 했다. 흔히 쓰이는 수평 이동은 사회과학 용어로 정확히 말하면 '사회 이동'이다. 한국 교회는 수평 이동이 아니라 사실 상향 이동을 해왔다.

더 좋고 더 낫고 편하고 큰 환경으로의 이동이었다. 좋은 설교와 안락하고 쾌적한 환경, 최첨단 시설과 편리한 근접성과 주차 공간을 따라서 옮겨 갔다. 이제는 다시 내려올 때다. 개척 교회와 농촌 교회는 쓰러지고 말라 가고 있다. 수평 이동하지 말고 하향 이동을 할 시간이다. 중심이 아닌 변두리로, 인정을 받지 못하고 대우를 해주지 않는 곳으로 갈 시간이다.

그러므로 하나님의 임재가 떠난 교회를 떠나라. 인간이 주도권을 잡고 주인 노릇을 하는 교회를 떠나라. 교인을 계란을 낳는 닭으로 여기는 양계장 같은 교회를 떠나라. 가축처럼 사육하여 어떻게 잡아먹을까 심사숙고하는 가축우리 같은 교회를 떠나라. 진리보다 관습과 전통을 애지중지하는 교회를 떠나라. 당신의 이름조차 기억하지 못하는 목사로부터 떠나라. 5호 담당제와 같은 조직을 통해 관리를 받는 교회로부터 떠나라. 이단으로 가지 말고 진정한 교회로 떠나가야 한다. 내려가야 한다.

교회로부터 도망가라! 건축한다고 헌금을 하라는 곳에서 도망가라. 은행 빚을 갚는다고 본질적인 일을 도외시하고 부수적으로 여기는 교회에서 도망가라. 세습을 위해 온갖 수단과 방법을 가리지 않고 대대로 호의호식하고자 하는 목회자에게서 도망가라. 성장을 외치며 축복을 받는 다고 하면서도 사회적 불의와 약자들을 돌보지 않는 교회 에서 도망가라. 권세와 명예와 대중적 지지도를 쫓는 목회 자에게서 도망가라.

한창 목회에 열정을 쏟아붓던 어느 날, 새벽 기도 시 간. 뒤에서 뚜렷한 음성이 들려왔다. "누가 너의 라이벌이 냐?" '내 라이벌? 글쎄요.' 뒤통수를 때리는 음성이었다. 그 여운은 쉽게 가시지 않았다. 정답은 사탄과 어두움의 세력이었지만, 사실 내 라이벌은 같은 지역의 목회자, 신 학대학원 동기 목사들, 출신 교회 목회자들이었다. 목회 를 잘했다, 성공했다는 소리를 듣고 싶었다. 성공! 대놓고 성공을 위해 달려간다고 하면 뭔가 속물인 듯이 보이기에 은근히 바라고 추구하였던 푯대가 성공이었다. 승자와 패 자를 만들어 내는 생존게임에 어느새 편입되어 있었다. 그 조류를 헤쳐 나가거나 거슬러 가기엔 나는 너무 나약했다. 아니 당연했다. 진리를 외면했다. 애써 자위하며 열심히 살 았다. 그러나 방향이 바르지 않으면 아무리 열정을 쏟아부 어도 그릇된 길로 간다는 것을 깨달은 것은 모든 것을 내려놓은 때였다. 그릇된 방향을 설정하고서 열정적으로 목회를 한다고 해도, 남는 것은 허탈과 허무와 탈진이다. 그래서 일탈을 찾는다. 그 허무함을 채울 무언가가 필요하다. 나는 실패했다.

여기가 끝인가? 이제 버림받았는가? 이제 쓸모없는가? 폐기처분되어야 하는가? 정직하게 그의 얼굴을 구하며 기도했다. 진절머리 나는 시간들이 흘렀다. 그런데 고요하게 다가오는 음성이 있었다. '너의 라이벌이 누구냐'고 물으시던 그 음성이었다. '나는 아직 너를 포기하지 않았다. 나에게 너는 소중하다. 너에게 쏟아부은 사랑이 어떤지 아느냐? 너에게 길이 있다. 다시 시작해라. 정직하고 진실 되게, 진리를 외면하지 말고 현실을 도피하지 말고 사람들의 눈을 회피하지 말고 직면해라. 그 자리에서 시작해라.' '무얼 어떻게?' '개척해라!' '제가 할 수 있습니까?' '그럼. 네가 개척을 해야 한다. 네게 보여 주고 너를 통해 할 일이 아직 남아 있다.' '무엇입니까?' '신학을 하기로 결단할 때부터 마음에 품었던 뜻을 다시 생각해라.'

내가 신학교를 다니면서 품었던 뜻이 무엇인가? 20년 전으로 거슬러 올라갔다. 무얼 생각하고 무얼 품고 살아

왔는지…. 나는 선교사로 헌신하고 싶은 마음은 없었다. 부흥사와 같이 대중적인 설교가도 꿈꾸지 않았다. 신학교 교수 생활도 생각하지 않았다. 교단 정치에도 생각이 전혀 없었다. 늘 관심은 교회에 있었고 목회자의 길을 생각했다. '어떤 교회가 올바른 교회인가? 어떤 교회가 성경적인 교회인가?' 내 관심은 여기에 있었다.

　　신학교 시절, 지방에 있는 출신 교회가 건축을 한다고 하였다. 충분히 건축 이야기가 나올 법하였다. 평생 영적 스승으로 모셨던 목사님은 훌륭하셨다. 교인들도 늘어났다. 80년대에 지방에서 부흥한 대표적인 교회였다. 목사님이나 교회의 입장에서 교회 건축은 당연했다. 그러나 내 의견은 달랐다. 목사님과 면담을 신청했다. "목사님 그늘 아래에 40명 이상의 목회자가 배출되었고, 목사님의 가르침을 받아서 신앙을 공유하고 있고 서로 공감대를 가지고 있습니다. 교회 건축 비용으로 지역에 분립 개척하셔서 네트워크 사역을 하시면 어떻겠습니까? 그게 더 큰 목회와 영향력이 있는 사역을 하시는 길이 아니겠습니까?" 목사님은 이해하지 못하셨다. "네가 크면 그렇게 해라" 하셨다.

　　후에 출신 교회의 후원을 받아서 유학을 갔다. 누가-

행전에서 가정교회와 성전 그리고 회당을 비교하고, 신약 교회가 어떻게 성전 중심의 이데올로기를 극복하고 가정 교회로 운영되며 자리를 잡았는지 논문을 썼다. 논문의 말미에 한국 교회를 위한 제언으로 분립 개척과 하나님의 가정으로서 교회의 개념을 바꿔 가야 한다고 하였다. 하지만 귀국 후에는 논문대로 사역을 할 여유가 없었다. 신학교 교수로 3년을 있다가 지방의 중견 교회 담임목사로 부임하였다. 한 번도 교인수가 500명을 넘지 않은, 낮은 자존감의 교회를 어떡해서든지 부흥시켜 보겠다고 갖은 노력과 방법을 강구하였다. 교회는 수적으로 질적으로 부흥했다고 자부한다. 그러나 나에게 위기가 왔다. 선한 양 떼를 보호한다는 명목으로, 기득권을 가진 자들에게 대처를 하면서 지쳤다. '이게 목회의 본질인지?' '내가 목회자로 부름을 받은 사역인지?' 누가 너의 라이벌이냐는 음성을 들은 것이 그때였다. 분립 개척을 결심했다. 당회를 설득하여 교인 700명이 넘었을 때에 분립 개척을 하기로 하고, 십일조를 할 수 있는 열 가정을 자원받아서 분립하였다. 지금 그 교회는 100명 이상으로 성장하여 정착하였다.

　이후 나의 실수에 책임을 지고, 교회를 사임하고 개척

을 하였다. 여러 가지 제안이 있었지만 하나님께서 인도한 곳은 주일을 쉬는 카페 '풍경'이었다. 교회 이름을 '풍경이 있는 교회'로 정했다. '어떻게'보다는 '어떤' 교회냐가 더 중요했다. '왜' 교회를 개척하는지 스스로에게 질문을 던졌다. 명분이 있어야 한다. 명분이 없는 사역은 이리저리 방황한다. 시설, 공간, 사람, 무엇보다 목회 비전이나 철학도 정립되지 못했지만 성경에서 가르치는 신앙 원리에 입각한 교회를 가꿔 보자는 결단은 있었다. 풍경이 있는 교회 운영 원칙을 마음속으로 정했다.

첫째, 건물을 소유하지 않는다. 건축을 하지 않는다.
둘째, 주어진 공간에 함께 예배할 수 없으면 분립
개척한다.
셋째, 주일학교는 세대통합 예배를 드린다.
넷째, 재정은 '일용할 양식'을 원칙으로 삼는다. 자발적
후원 이외에 후원 요청이나 특별 헌금을 하지 않는다.
교회를 운영할 수 있는 재정 이외에는 흘려 보낸다.
다섯째, 공간과 시설은 하나님이 맡기신 것이다. 필요한
선교 단체가 사용할 수 있도록 우선적으로 제공한다.

우리는 단지 청지기일 뿐이다.

여섯째, 자발적 불편함을 감수한다. 불편하다 해서
시설을 확장하거나 쓸 수 있는 기자재를 개선하지 않는다.
우리의 불편함을 통해 하나님 나라의 다른 지체들이
편해지도록 한다.

일곱째, 최소한의 운영을 한다. 할 수 있는 모임과 할 수
있는 사역만 한다. 자원하여 책임을 지는 지체가 있으면
사역을 세워 나간다.

여덟째, 직분자 세우기를 가능한 한 자제한다. 직분을
계급으로 여기고 권리 주장 수단으로 삼는 인식이 있는
한 세우지 않는다. 머슴의 자리로 여기고 책임과 부담을
안고자 자원하는 분은 세운다. 은사에 따라 사역을
하다가 꼭 필요한 경우, 교인들이 다 동의를 할 경우에
직분자를 세워 제한된 임기 내에 직임을 수행하도록
한다. 예배 순서와 운영에 책임을 질 수 있는 교인들이 다
참여하는 것을 원칙으로 한다. 목회자는 재정을 관리하지
않고, 재정팀이 맡아서 한다.

아홉째, 교역자의 사례는 생활할 수 있는 한 최소
원칙으로 식구에 따라 지급한다. 목회자 사례가 교회

운영에 부담을 주지 않아야 한다. 재정 지출에 있어서
사례는 우선순위가 아니라 최종순위이다.

열째, 기존 교단의 헌법이나 규례를 존중하되, 성경의
진리가 교회 안에서 실현 가능한지 고심하는 실험적인
교회를 한다. 따라서 전통이나 관습에 얽매이지 않고,
창의적으로 성경의 원리가 구현되도록 실험적인 정신을
가진다.

이러한 원칙을 가지고 1년간 카페에서 예배를 드렸다.
지금은 자립하여 80명 정도의 교인이 함께 예배하고 있
고, 선교 단체 다섯 곳이 교회 공간에서 예배와 훈련을 하
고 있다. 지치고 힘든 목회자들이 쉼을 얻고 다시 교회를
시작하는 쉼터가 되기도 했다. 그동안 한 교회가 힘든 시
기를 함께 보내다 지금은 독립하여 정착하고 있고, 한 목
회자가 함께 지내다가 교회를 개척하였다. 한 후배 목사는
이민 목회에서 상처를 입고 귀국하여 다시 재정비하고 북
방 선교를 위해 열심히 사역을 하고 있다.

나는 지금 행복하다. 비본질적인 문제에 얽매여 소모
적인 씨름을 할 필요가 없으니 자유롭다. 전통과 관습보

다는 성경의 진리에 천착할 수 있어서 자유롭다. 진리에 대한 실험 정신으로 새로운 도전과 모험을 할 수 있어서 행복하다. 하나님이 원하시는 풍경을 그려 가고 있으니 행복하다. 교인들이 권위적인 구조가 아닌, 누구의 지시나 명령으로 신앙생활을 하지 않고, 은사와 자발적인 헌신으로 신앙생활을 하니 행복하다. 누가 힘자랑하거나 다른 이들을 조종하려 들지 않으니 자유하다. 내일에 대한 실현 가능한 비전을 두고 더불어 나아가니 행복하다. '일용할 양식'으로 살아가니 염려가 없어 행복하다. 내가 할 일이 있기에 행복하다. "진리를 알지니 진리가 너희를 자유롭게 하리라"(요 8:32)는 말씀이 생활과 목회에도 진리임을 알게 되니 행복하다.

성경의 진리가 공동체와 삶을 통해 증명될 때 행복하고 설득력이 있다. 그 영향력은 세상을 변혁시키는 능력이다. 그러면 어떤 진리가 교회에서 검증되어야 하는가?

교회는 거룩한 '공간'이 아닌 하나님 자녀들이 모인 가족이다.

교회는 위계질서가 아닌 가족의 친밀감이 있는 곳이다.

교회는 하나님이 주인 되신, 그리스도의 몸이다.
교회는 예수 그리스도 외에는 그 누구도 주인 노릇 할 수
없는 곳이다.
교회는 사람의 뜻이 아닌 주의 뜻이 이뤄지는 곳이다.
교회는 세상으로부터 부름을 받아서 세상으로 다시
보냄을 받은 백성들이다.
교회는 교회 자체가 목적이 아닌, 하나님 나라를
드러내는 통로이다.
교회는 일용할 양식으로 살아가는 삶을 검증하는 곳이다.
교회는 축도가 아닌 주기도문으로 목양이 이뤄지는
곳이다.
교회는 죄인과 사회적 약자와 소외된 자들을 품는
곳이다.
교회는 안식과 희년을 실현하는 진리의 실험실이다.
교회는 절대적이고 소중한 가치를 품고 생존하는 곳이다.
교회는 주의 자녀들이 삶의 방향 설정을 하는 곳이다.
교회는 생존 경쟁, 승자와 패자가 아니라 공존, 의와
평강을 나타내는 곳이다.
교회는 이 세상에 선한 영향력을 드러내며 세상을

치유하는 곳이다.

교회는 권세와 군림이 아닌 나눔과 섬김의 본보기를
보이는 곳이다.

교회는 하나님 나라의 생태계를 회복하는 샘터이다.

이 책을 농어촌의 시골 교회와 도시의 작은 교회에서
사명을 다하는 목회자들에게 헌정하고 싶다. 척박한 선교
지에서 땀과 눈물을 흘리는 선교사들에게도 읽혀지길 원
한다. 북한 지하 교회의 하나님 백성들에게도 읽혀지길 원
한다. 패배감에 젖어 있는 이 땅의 작은 목회자들이 이 책
을 읽고 용기를 얻기를 원한다.

실패와 좌절을 통해 상처 입은 치유자로 살기를 소원하는
정용성 목사

수평이동?

?

1장

하향이동!

!

모방은 창조의 어머니라고 했다. 목회자들은 어떤 모델을 따라 목회를 할지 판단하지 않는 실수를 흔히 한다. 초보 목회자에게 모델이 없다는 것은 자신감이나 자랑거리가 아니다. 의식적으로 모델을 추구하지 않으면 무의식적으로 자신이 따르고 싶은 모델을 따라가게 된다. 의식 없이 따라가는 것은 결정적인 실수이다. 내가 신학교에 들어가서 줄곧 보아 왔고 추구했던 모델은 존경받는 대형 교회 목사님들이었다. 그렇게 해야 목회에 성공한다고 생각했다. 그러나 당신의 라이벌은 누구인가? 목회자들끼리 모이면 은근히 드러나는 기준이 있다. 교인이 몇 명이고, 예산은 얼마이며, 차는 어떤 차를 타고, 아파트는 몇 평이며, 사례비는 얼마나 되는지를 두고 도토리 키 재기를 한다. 비교 의식을 버려야 한다. 그렇지 않으면 경쟁에서 이기고 싶어 하고, 성공을 위해 달음질할 것이다. 절대 가치를 지닌 사람은 비교하지 않는다. 다른 가치를 가지고 있는 사람은 현상을 가지고 비교하지 않는다. 비교는 자신도 죽이고 다른 이도 죽인다. 세상의 성공을 추구하게 되며 십자가의 길을 갈 수 없게 만든다.

최고의 모델은 예수님이다. 바울은 빌립보 교인들에

게 보내는 편지에서 한 편의 그리스도 찬송시(빌 2:5-11)를
소개한다. 이 시는 바울의 작품이 아니라 초대 그리스도인
들이 예배 중에 불렀던 찬송이다. 일치와 연합의 모델로
예수님이 친히 보이신 '십자가의 길'을 노래하고 있다.

> 그는 근본 하나님의 본체시나 하나님과 동등됨을 취할
> 것으로 여기지 아니하시고 오히려 자기를 비워 종의
> 형체를 가지사 사람들과 같이 되셨고, 사람의 모양으로
> 나타나사 자기를 낮추시고 죽기까지 복종하셨으니, 곧
> 십자가에 죽으심이라

이 찬송이 노래하는 바는 무엇인가? 하나님이신 예
수는 인간이 되셨다. 인간이 되셨을 뿐 아니라 종이 되셨
다. 종이 되셨을 뿐 아니라 십자가에 죽기까지 복종하셨
다. 십자가에 죽은 자는 당시 사회에서 인간 말종에 해당
하는 고통과 수치와 저주의 상징이었다. 이는 권리 포기이
다. 더 낮은 자리로 내려오시되, 인간 가운데 가장 높은 자
리에 계시지 않으시고 인간 중에서도 가장 낮은 자리로
내려가셨다. 신분 상승을 통해 상향 이동하지 않고, 권리

포기를 통해 하향 이동을 하셨다.

올라가려면 힘들다. 자신이 가진 힘을 쓰든지, 그게 모자라면 다른 힘을 빌린다. 물리학의 원리이지만 인생의 원리이기도 하다. 그러나 내려가면 힘을 쓰지 않아도 된다. 힘이 남아서 탈이다. 방향만 잘 잡으면 된다. 내려가는 자는 힘이 있다. 쏟아붓고 끌어 쓰는 힘이 아니라, 조절을 통해 영향력을 드러낼 수 있는 내재적 힘이다. 많은 목회자들이 내려가지 않고 올라가는 목회를 하려고 한다. 학력과 경력과 재능과 재력과 인간관계를 동원해서 더 높은 곳을 향해 가고자 안간힘을 쓴다.

예수님은 하늘에 영광의 자리를 버리시고 이 땅에 오셔서 인간의 육신을 입으셨다. 인간의 몸을 입으시고 사셨던 곳은 왕궁도 아니고 성전도 아니고 도시도 아니고 산도 아니다. 30년을 사신 곳은 갈릴리의 나사렛이다. 나사렛은 당시 로마 제국의 가장 동쪽에 위치한 골치 아픈 팔레스타인, 그곳에서도 이방의 땅으로 부정하게 여기는 갈릴리, 갈릴리에서도 가장 변두리인 나사렛에서 자라셨다. 그리고 나사렛에서 그 사역을 본격적으로 출발하셨다(눅 4:16 이하). 예수님은 또한 나사렛 예수로 자신의 신원을 드러내셨고, 이는 대중들과 권세자들과 심지어 악한 영들도 그렇게 불렀다.

왜 나사렛 예수인가? 예수 스스로 자신을 부를 때에 하나님 아들, 메시아(그리스도), 주, 종 등으로 부르지 않았다. 스스로 발설한 호칭은 '인자'와 '나사렛'이다. 인자 기독론은 학자들 간에 많은 논란의 여지가 있고 애매모호한 호칭이다. 일종의 수수께끼이다. 그러나 예수가 명백하게 자신을 드러낸 호칭은 '나사렛'이다. 나사렛은 이사야 11장 1-10절이 핵심 구절이다.

> **이새의 줄기에서 한 싹이 나며 그 뿌리에서 한 가지가 나서**
> **결실할 것이요(1절)**
> **그날에 이새의 뿌리에서 한 싹이 나서 만민의 기치로**
> **설 것이요 열방이 그에게로 돌아오리니 그가 거한 곳이**
> **영화로우리라(10절)**

여기서 싹과 뿌리는 서로 호환된다. 나사렛은 '가지'이다. 즉 다윗 왕가가 영원히 왕위를 계승한다는 나단의 신탁(삼하 7:14-16)을 유지하면서도, 솔로몬의 후손이 아닌 다른 계통에서 '메시아'가 등장하여 하나님 나라를 회복하겠다는 예언이다. 이사야 당시 유대 왕들은 무력하고 부패하고 배역하였다. 그 결과 하나님이 맡기신 숲인 유대는 심판을 받아서 황무하게 될 것이다. 황폐해진 하나님의 숲은 다윗의 자손 가운데 왕통이 아니라, 베임을 당하고 찍힌 나무의 그루터기에서 나온 싹과 가지를 통해서 다시 복원되어 하나님 나라를 만들 것이고, 그곳으로 이스라엘의 남은 자뿐 아니라 이방인들이 모여들게 된다. 이 '가지' 사상은 이사야 이후에 예레미야와 스가랴, 미가, 학개와 같은 선지자들이 공유하였고, 유대교와 초대 교회도 광범위하게 예수의 메시아적 신원으로서 사용하였다.

나사렛 예수는 갈릴리부터 시작해서 유대 예루살렘에 이르기까지 광범위하게 순회하며 복음을 전하고 하나님의 표적을 보이시며 하나님 나라를 전하셨다. 예수는 수없이 몰려드는 무리들, 정치 권력을 잡은 헤롯 가문, 대중적인 지지를 받았던 여론 주도 집단인 바리새인, 성전을 운영하는 권세를 누리던 대제사장과 사두개인에게 관심이 없었다. 예수의 초점은 열두 명의 제자들이었다. 30년을 묵은 채로 지내시다가, 3년의 사역을 하시던 예수는 열두 제자에 진력을 쏟으셨다. 그 제자들을 통해 십자가와 부활 이후에 예루살렘을 중심으로 온 땅에 복음을 전하고 교회를 세우도록 하셨다. 예수는 회당을 짓거나 교회를 설립하고 건축하지 않았다. 오직 제자들에게 초점을 맞추어서 자신의 뜻과 비전을 전수하셨다.

　　나사렛 예수의 하나님 나라 운동이 1세기 당시의 수많은 메시아 운동들과 차이점을 드러내는 것은 '가치의 차이'다. 1세기 당시의 유대 종파들로는 사두개파, 바리새파, 열심당, 헤롯당, 에센파 등이 있다. 이들과 나사렛 예수 운동의 근본적인 차이는 '가치의 차이'이다. 나사렛 예수는 가치 혁명으로 하나님 나라를 이루었다. 하나님 나라의 가치는 세상과 근본적으로 다르다. 죽은 자는 죽은 자로 장사 지내게 하면 된다. 오히려 작은 교회 목회자들이 얼마나 성경적인 가치관과 방향 감각을 가지고 목회를 하고자 준비되는지가 시급하다. 하나님 나라의 의식을 가지지 못한다면 '큰 교회 따라하기' 끝에 탈진할 것이다. 그러나 올바른 가치관과 방향을 설정하면, 하나의 '가지'(나사렛)로서 하나님 나라의 생태계를 가꿔 가는 나무가 될 것이다.

도시 변두리에서, 지방이나 농어촌 지역에서 몇 명 되지 않는 교인을 붙들고 씨름한다고 자괴감을 느낄 필요가 없다. 화려하고 웅장한 대형 교회의 그늘에서, 상가나 집에서 시작한다 해서 스스로 패배자로 여길 필요가 없다. 성공의 사닥다리를 올라가기 위해 안절부절못하는 것이 아니라 주어진 양 떼를 전심으로 목양하는 사람이 예수의 발자취를 따르는 목자이다. 기존 교회에서 상처를 입거나 쫓겨나서 전전긍긍할 필요도 없다. 다시 시작하면 된다. 꺾인 나무와 같이 심각한 외상을 입었다 할지라도 생장점이 살아 있으면 가지와 싹을 낸다. 나사렛 예수의 사역의 시작이 그러했고, 운영 방식이 그러했다. 나사렛 예수를 모델로 삼는 자는 또 다른 나사렛이다.

2장

새로운 가치를

가십시오

가치는 평가의 기준이다. 가치는 시각의 차이를 나타낸다. 차이는 생명력과 영향력으로 나타난다. 그러면 작은 교회가 품고 나타내야 할 가치관은 무엇인가? 작은 교회는 하나님 나라의 가치관으로 다양한 종교 집단과 교회가 공존하는 세상에서 평가받아야 하고, 또한 '긍정적으로 평가를 받는 독특성'을 교인에게 심어 주어야 한다. 작은 교회의 가치관은 구성원들에게 사회적 정체성을 유지, 발전, 향상시키는 역할을 할 것이다.

작은 것이 아름답다 세계 주류 경제학자들과 교류하면서도 이들에 반기를 든 에른스트 슈마허는 《작은 것이 아름답다》에서 '거대한 규모'는 적이며 죄악이라고 주장했다. 규모의 거대함은 인간을 비인격적으로 만드는 온상일 뿐 아니라, 구성원의 필요나 요구에 둔감하게 되고, 무절제한 권력 독점이나 권력 남용을 초래하기 때문이다. 슈마허에게 작은 것은 인간 친화적으로 자유롭고, 창조적이고, 효율적일 뿐만 아니라 편하고, 즐겁고, 지속적이다. 규모는 현상이 아니라 윤리의 문제이다. 인간이 조직이나 기술이나 자본에 의해 지배를 받지 않고, 진정으로 자유와 창의성을 가질 수 있는 사회 환경의 문제이다.

작은 교회를 지향하는 것은 첫째, 목회 윤리 의식이다. 왜 윤리 문제인가? 우리가 살고 있는 세상은 제한된 자원, 제로섬 사회이다. 무한 생산의 환상은 지속 가능하지 않다. 사용 가능한 자원의 고갈과 자연 생태계의 파괴와 누군가의 희생을 초래하는 것이 무한 성장의 어두운 면이다. 누가 많이 가지면 누군가 적게 가진다. 내가 살고 누리며 감당할 수 있는 적정 범위를 초월하는 것은 잉여이다. 잉여는 다른 누군가에게는 박탈이다. 나의 풍성함은 다른 이에게 박탈감을 준다. 잉여는 나누어야 한다. 적정한 분량을 적정한 인원이 나눔을 통해서 함께 일하고 함께 즐기고 함께 누릴 수 있다. 한 사회에 함께 살고 있는 약자와 가난한 자와 소외된 자를 배려하지 않는 부요와 축적은 본질적으로 비윤리적이다. 신명기 법전은 이들에 대한 배려를 구체적으로 기술하고 있다.

목양할 수 있는 인적 자원은 제한되어 있다. 온 민족의 복음화, 온 세상의 복음화는 이상이며 비현실적이다. 한 사회의 복음화 정도는 제한되어 있다. 그에 비해 배출되는 목회자가 많다. 신학대학원 졸업생 중에 담임 목사를 할 수 있는 비율은 12퍼센트에 불과하다. 개척 교회의 생존율은 3퍼센트이다. 가뭄이 들면 샛강이 마른다. 샛강이 마르면 저수지에 물이 고이는 현상이 생긴다. 농어촌 교회와 개척 교회는 상향 이동을 통한 대형 교회의 공급원이었다. 그러나 그 물줄기가 마르고 있다.

둘째, 작은 교회는 경쟁보다는 공존을, 생존보다는 부흥을 꿈꾼다. 한국은 서바이벌 공화국이다. 교회도 교회끼리 경쟁한다. 큰 교회는 패권을 위한 경쟁을, 작은 교회는 생존을 위한 경쟁을 한다. 그러나 의도적인 작은 교회는 경쟁이 아닌 공존, 생존이 아닌 부흥을 위해 존재하고, 때로는 소멸될 수도 있다. 생명의 흐름을 따라서 태어나고 성장하고 번식하고 소멸되는 것을 자연스럽게 생각해야 한다. 교회는 하나님 나라를 위해 공존하고 부흥하여 그 이름을 역사 속에 남기고 사라진다.

작은 교회는 이사야 11장 1-10절이 가진 비전을 이 땅에 그려 간다. 나사렛(가지)으로 출발하여 가난한 자와 겸손한 자를 분별하며, 악한 의도를 가진 자들을 무색하게 만들고, 정의와 공의로 교회의 역할을 감당한다(11:3-5). 강한 자, 가진 자와 포식자가 약자와 가난한 자, 먹잇감과 함께 눕고 자고 먹고 즐겁게 놀 수 있는 하나님 나라의 생태계를 회복하여 온 세상에 여호와를 아는 지식이 가득하게 한다(11:6-9). 이때에 나사렛의 비전을 가진 교회를 통해 가꿔진 하나님 나라에 만민이, 잃어버린 자들이 돌아오게 될 것이다(11:10). 이것이 진정한 부흥이고 하나님 나라의 회복이다.

의도적인 작은 교회는 큰 교회를 비난하지 않는다. 자발적인 하향 이동과 권리 포기와 내려놓음을 통해 목회 현장의 눈높이를 맞춰 가기를 바랄 뿐이다. 큰 교회를 비판하거나 바꾸려고 하지 않는다. 작은 교회가 대안 가치와 대안 사회를 만들어 가면 큰 교회들이 하나님 나라 원리를 향하여 움직이게 될 것이다. 작은 교회는 경쟁이 아닌 동역 의식을 가지고, 손해 보고 나눠 줄 수 있는 넉넉한 마음, 품고 안을 수 있는 넓고 따뜻한 가슴, 함께 기뻐하고 함께 울어 줄 수 있는 공감, 이익을 따지지 않고 진리를 따르고자 하는 가치 혁명적 생각으로 작은 것이 아름다움을 나타내고자 한다.

셋째, '소명의 자리'를 소중하게 여긴다. 성공하기 위해 목회자가 되면 안 된다. 창조주를 잊어버린 하나님 형상들, 아버지를 떠난 탕자들, 가지지 못하고 박탈을 당한 자들, 상처를 입은 자들, 억압을 받는 자들, 관습과 제도의 굴레에 매여 있는 자들, 보지 못한 자들을 돌보기 위해 목회자로 부름을 받았다.

작은 교회는 가족이다 그리스도인은 하나님의 자녀 (요 1:12)이고, 하나님을 아바 아버지라 부른다(롬 8:14-17; 갈 4:6; 엡 3:14-15; 고후 6:18). 신약 성경이 쓰인 문화에서 가족은 아버지의 권위 아래 모인 사람들을 가리킨다. 예수 그리스도를 통해 자녀로 입양된 우리는 형제자매이다. 예수님의 사역 중에 가장 뚜렷하게 드러나고 당대의 다른 종교 집단과 차별화되는 사역은 죄인과 세리와의 식탁 교제이다. 함께 식탁 자리에 모인 자들이 예수 그리스도를 통해 하나님의 자녀가 되었음을 인정하고 기념하고 축하하는 자리이다. 가족과 같은 교회는 '함께', '같이'를 가장 소중한 가치로 여긴다. 가족은 함께 사는 것이 제일 중요하다. 그리고 가족은 함께 식사를 한다. 그래서 식구(食口)라고 한다. 사회는 '끼리끼리' 의식이 지배하지만 가족은 '서로서로' 의식이 지배하는 곳이다. 가족과 같은 교회는 용서하고 위로하고 치유하고 잔치를 베풀어 주는 아버지의 손이 있는 곳이다.

가족과 같은 교회는 목표 성취나 이익과 성과를 추구하지 않는다. 목표나 이익을 추구하는 곳은 기업이고 시장이다. 가족은 생산과 효율로 이익을 창출하는 곳이 아니다. 작은 교회는 생산 공동체가 아닌 생활 공동체이다. 이익 공동체가 아닌 공존 공동체이다. 작은 교회는 경쟁이라는 단어를 사전에서 없애는 가족 공동체이다. 작은 교회는 동업이라는 단어를 가장 부각시키는 사역 공동체이다. 경쟁은 승리와 패자를 만든다. 경쟁은 패자의 몫을 챙기는 게임이다. 경쟁은 시기를 만들고 질투와 원망을 유발한다. 가족은 '함께하는' 곳이다. 가족은 대면(對面) 공동체이다. 비교와 경쟁이 없는 곳이 가정이다. 작은 교회는 목적이나 수단 지향적이지 않고 가치 지향적이다. 최선을 다해 자신의 일을 맡아서 하지만 보상을 기대하지 않는다. 좋은 권리를 주장하지 않고 책임과 의무를 다하는 존재이다. 그러나 자신의 일만 챙기지 않고 다른 사람의 일을 돌아본다. 내 할 일 했다고 다한 것이 아니며 잘한 것도 아니다. 다른 사람의 일을 돌아보아야 한다.

가족은 효율적인 조직이 아니다. 전인적 돌봄과 배려가 있다. 책임과 의무를 최우선으로 삼지 않는다. 함께 살고 함께 먹고 나누며 있는 것 자체로 만족한다. 성과를 내어도 가족이고 그렇지 못해도 가족이다. 도움이 되어야 가족인 것은 아니다. 가족에게는 서비스를 해야 하는 전문인도 없고, 서비스를 받아야 할 고객도 없다. 슬픈 일이나 기쁜 일이나, 좋은 일이나 나쁜 일이나 다 함께 할 일을 하고 함께 책임을 진다. 웃는 자와 함께 웃고, 우는 자와 함께 운다. 가족에겐 서비스 정신이나 할당된 분량의 일이 없다. 과잉 서비스나 형식적인 친절도 없다. 다만 존재 자체만으로 가족이다.

　작은 교회는 전문인을 고용하지 않는다. 목회자와 교인 사이에 사업가와 고객의 관계가 존재하지 않는다. 월급을 줘야 일을 하는 사람은 가족이 아니라 직원이다. 교회에 직원은 없다. 직원이 있어야 하는 교회는 이미 가족이라는 적정 규모를 벗어난다. 작은 교회는 배당되거나 할당된 일이나 사람도 없다. 관리인으로 돌보고 책임져야 할 대상도 없다. 다 함께 책임을 지고, 다 함께 돌보고, 다 함께 배려한다. 교회가 작아야 하고, 작은 교회가 가족이라는 핵심 가치를 지녀야 하는 이유가 여기에 있다. 조직은 조직체와 사람을 분리시킨다. 가족과 같은 교회는 고객을 만족, 감동, 졸도시킬 정도로 서비스의 질을 높이기 위해 이벤트를 할 필요가 없는 교회이다. 자연적인 모습으로 진심이 통하고, 잘하면 잘하는 대로 못하면 못하는 대로 서로를 인정하고 격려하고 함께 도우며 부족을 채워 주는 교회가 가족과 같은 교회이다. 그래서 교역자에게 필요한 덕목은 재주나 재능이나 열정이 아니라, 정직과 진심과 성실이다. 교역자만 일꾼인 것은 아니다. 모두가 다 일꾼이다. 고용자가 있는 곳은 사업체이지 교회가 아니다. 가족의 이상을 포기한 교회는 교역자를 고용자로 생각하고 직원으로 간주한다. 목회자가 교회 가족의 일원이 되지 않으면, 실적과 인정을 위해 일을 하지, 진심으로 돌보지 않는다.

일용할 양식의 원리   일용할 양식은 광야 교회의 삶의 방식이다. 일용할 양식의 전제는 출애굽 이후에 이스라엘의 광야 생활이다. 광야에서 이스라엘은 하나님이 매일 공급해 주시는 만나와 메추라기를 양식으로 삼았다. 많이 거둔 자도 있고, 적게 거둔 자도 있지만 모두 다 필요한 만큼 먹는다. 축적하는 자의 양식은 벌레가 생기고 썩는다. 광야 세대는 전적으로 하나님의 공급하심과 인도하심에 의존하여 살도록 삶의 방식을 정하였다. 의도적인 작은 교회는 예수 그리스도의 통치와 성령의 인도하심 가운데서 하나님을 아버지로 모시고 광야 생활을 하기로 작정한 교회이다.

'일용할 양식'은 주기도문의 핵심에 자리를 잡고 있다. 주기도문은 나사렛 예수가 시작하시고 이루시는 하나님 나라의 핵심 원리이다. 산상수훈(마 5-7장)이 대안 사회로서 하나님 나라의 청사진을 밝힌다면, 주기도문은 그 핵심에 자리를 잡고 있다. 주기도문 원리로 살아가지 않으면, 산상수훈이 현실 속에 실현될 수 없다. 하나님 나라의 백성은 '축도'로 살아가는 것이 아니라 주기도문을 원리이자 강령으로 삼고 살아간다. 주기도문은 이 땅에 살면서 진정한 출애굽 삶을 살고자 하는 백성들을 불러 모으는 초청장이다. 따라서 주기도문은 나사렛 예수의 새로운 출애굽 프로젝트에 참여하는 방법이다.

출애굽 백성으로 살아가는 작은 교회는 어떤 정체성을 가지는가? 바로의 통치가 이뤄지는 애굽을 떠나서 하나님이 약속하신 땅으로 가는 여정에 반드시 거쳐야 하는 광야 생활이 출애굽 백성의 삶이다. 마찬가지로 작은 교회도 이 세상의 통치와 가치관으로 운영되는 교회의 틀에서 벗어나서, 의와 평강으로 다스리는 하나님 나라를 향하여 나아가는 '광야 교회'(행 7:38)이다. 광야 교회는 바로와 같은 전제 권력자가 주인 노릇을 하며 군림하고 조종하며 예속시키는 애굽 교회의 틀을 벗어나는 교회이다. 또한 광야 교회는 예수 그리스도가 주인이 되시고, 사도들과 선지자들의 터 위에 세운 우주적이고 보편적인 교회를 닮아 가는 교회이다. 세상의 가치관과 삶의 방식이 아닌 하나님 나라의 원리로 운영되고 사역하여 존재하는 교회이다. 이 땅에 부름을 받아 세워진 교회이지만, 나그네와 외국인과 같은 자기 정체성을 가지고 이 땅에 영원한 가치를 두지 않고, 하늘에 속한 교회이다. 주기도문은 이 광야 교회의 생존 방식이며 운영 방식이다. 그 주기도문의 핵심이 바로 일용할 양식이다. 일용할 양식은 하나님 나라가 이 땅에서는 이뤄지지 않는다고 단념하는 세상 속에서 하나님 나라가 우리 삶 가운데 온전히 이루어지기를 갈망하며, 이미 이뤄진 그 나라의 삶을 오롯이 드러내기를 구하는 기도이다.

일용할 양식은 '가난한 자'의 신앙고백이다. 하나님이 일용할 양식을 공급하신다(시 107:9, 146:7; 잠 30:8-9; 왕하 25:29-30; 스 6:9; 렘 37:21). 일용할 양식의 고백은 오늘 먹여 주

신 하나님이 내일도 먹여 주신다는 신앙이다. 필요한 것을
적절하게 공급하시는 언약에 신실하신 하나님에 대한 신
앙 고백이다. 일용할 양식은 "가난한 자는 복이 있다" 하
신 주의 축복을 자신의 복으로 인정하고 수용하는 자의
기도이다. 가난한 자는 하늘의 도우심이 아니면 도움이 없
음을 고백하는 하나님 백성이다. 언약 백성은 하나님의 공
급하심 없이는 살아갈 수 없음을 고백하고 하나님의 도우
심을 갈망한다. 따라서 하나님 백성은 본질상 '가난한 자'
이다. 이 가난한 자의 개념은 바벨론 포로에서 귀환한 이
후에 '경건한 자'(하시딤), '의로운 자'의 개념으로 발전된다.
한 사회에서 누군가가 굶어 죽는다는 것은 능력이 없어서
가 아니라 굶어 죽도록 누군가가 더 축적하고 착취하였음
을 뜻한다. 희년 사상은 전체 이스라엘이 가난하다는 전제
에서 논리가 성립된다. 개인의 능력, 집안에 닥친 사건, 천
재지변 등으로 불균형이 이루어졌을 때에 원상태로 돌려
놓아서 다시 가난하게 시작하는 공의와 평화의 원리이다.
희년 사상을 믿는 자는 '가난한 자는 복이 있다'고 믿는다.
자신을 가난하다고 인정하는 자는 일용할 양식으로 살아
가고, 일용할 양식에 감사를 드린다.

일용할 양식은 잉여를 '흘려 보내기'로 결정한다. 일용할 양식으로 살아가는 자는 잉여를 자신의 것으로 여기지 않고 축복으로 여긴다. 축복은 소유에 있지 않고 흘려 보낼 때에 의미가 있다. 오늘을 살아가는 데 필요한 것 외에는 다 잉여이고 축복이다. 내 것이 아니다. 하나님의 것이고, 하나님께서 필요한 자에게 주라고 맡기신 것이다. 풍경이 있는 교회가 새로운 공간을 마련하면서 물품이 구비되는 과정은 그야말로 하나님의 공급하심은 적절하시다는 진리를 경험하는 과정이었다. 풍경이 있는 교회는 가능한 한 재정을 흘려 보내기로 작정했다. 개척한 지 4년째부터 절기 헌금은 필요한 교회와 선교 단체에 흘려 보낸다. 우리 것이 아니기 때문이다. 우리가 불편하더라도 참을 수 있을 만큼은 참고 여분을 흘려 보낸다. 3년째까지는 교회 운영을 하기에 거의 빠듯했다. 그래서 절기 헌금을 흘려 보내지 못했다. 4년째부터는 무조건 흘려 보내기로 작정했다. 그런데 4년째부터 하나님께서 우리가 쓰고 남도록 채워 주셨다.

일용할 양식은 축도가 아닌 주기도문으로 목회하는 원리이다. 하루는 개척을 시작한 전도사님이 찾아왔다.

"주기도문으로 목회를 못하겠습니다. 그래서 목사 안수를 받아야겠습니다" 했다. 왜? 축도를 하지 않으니 방문한 사람들이 등록을 하지 않고 가버린다는 것이다. 한숨이 나왔다. 주기도문으로 목회하지 못하면 축도로도 목회를 할 수 없다. 축도는 목사의 전유물이 아니다. 고린도후서 13장 13절은 모든 성도의 것이다. 기복신앙에 기초한 목회는 결국 하나님 없이도 가능한 수단과 방법을 강구한다. 기발한 아이디어를 찾아서 헤매다가 결국 하나님 없는 목회를 한다. 주기도문만큼 강력한 기도가 어디 있는가! 주기도문만큼 주의 뜻을 품은 기도가 어디 있는가! 주기도문만큼 하나님 나라를 담은 기도가 어디 있는가! 축도 중심의 목회는 목사를 무당으로 만든다. 목사의 축복 능력에 따라 목회가 좌우된다는 목회 정신이다. 축도에 능력이 있을 수도 있다. 그러나 그 능력은 하나님께로부터 온다.

또한 일용할 양식은 돈의 노예가 되기를 거부하는 삶의 방식이다. 일용할 양식은 돈이 자신을 지배하는 것을 단연코 거부한다. 돈으로 세상을 지배하고 조종하고 굴레를 씌우는 바알의 영을 배척한다. 돈은 잘 쓰면 축복이지만, 탐욕의 지배를 받아 돈을 사랑하면 일만 악의 뿌리가 된다(딤전 6:10). 하나님이 공급하시고 채워 주신다는 믿음이 일용할 양식으로 살아가는 믿음이다. 돈의 노예가 되지 않는 일용할 양식의 목회 방식은 세 가지로 정리할 수 있다.

하나. 후원을 구걸하지 말아야 한다. 개척 교회라 해서 손을 벌리지 말라. 목회자 개인의 인적 네트워크를 통해 재정을 공급받으면 그만큼 하나님의 손길은 잦아든다. 필요한 것을 공급하시는 하나님을 경험할 수 있는 절호의 기회를 놓친다. 누군가 자발적으로 후원한다면 하나님이 보내신 까마귀로 알고 감사히 받으면 된다. 하지만 자립하면 후원을 끊어야 한다. 목회 윤리의 문제이다. 누군가 필요한 자의 것을 내가 가로채는 것이다.

둘. 목회자의 사례는 최소한의 필요를 원칙으로 하여야 한다. 목회자는 레위인과 같은 삶을 살기로 작정한 헌신자이고 하나님의 돌보심에 의존하여 사는 자이다. 사회에는 최저 임금의 원칙이 있다. 목회자도 최저 임금에 기준하여 가정에 필요한 삶을 살면 된다. 한국의 목회자 사회는 철저하게 소득 불균형 사회이다. 불의한 사회이다. 대형 교회 목회자와 그 사역자들은 말할 필요가 없고, 담임 목사와 부교역자들 사이의 편차는 너무 심하다. 목사들이 너무 좋은 집에, 너무 좋은 차를 타고 다닌다. 사회적 신분과 지위를 상징하기에 어느 정도 체면을 세워야 한다고 한다. 목회자는 머슴이다. 머슴이 무슨 신분과 지위가 있고 체면이 있는가? 일용할 양식에 대한 기도를 드리기가 부끄러운 사람은 영적으로 해석한다. 부자라는 얘기다. 일용할 양식을 이미 냉장고와 저금통장에 다 채워 놓았다. 그러니 영적으로 해석할 수밖에 없지 않은가! 매일 하나님이 공급하시는 양식으로 살아가는 것은 불쌍하고 궁색해 보일 것이다. 그러면 하나님의 임재와 능력은 사라진다. 중세시대 때 교황 이노센트 4세가 토마스 아퀴나스와 온갖 화려함으로 장식된 성 베드로 성당을 보면서 이렇게 말했다고 한다. "이제 우리는 베드로가 말했던 것처럼 은과 금이 없다는 말은 하지 못하겠군요." 그러자 아퀴나스가 이렇게 말했다. "그 말뿐 아니라 이제 교회는 나사렛 예수 그리스도의 이름으로 일어나 걸으라고도 할 수 없게 되었습니다." 은과 금을 가진다는 말은 예수 그리스도를 가지지 않는다는 말과 동일한 말이 된다.

셋. 과유불급의 원칙이다. 내가 애써서 뭘 채워 넣고

획득하려고 추구하지 않고, 하나님이 공급하심을 신뢰하고 살아가면, 하나님은 반드시 그 백성을 돌보신다. 더 나아가서 이기적인 탐욕을 버리고 축복을 흘려 보내는 삶의 방식으로 나아가야 한다. 자발적 불편함과 최소한의 운용 방식을 택하여 그 자리에 서서 뒤를 돌아보아야 한다. 어느 정도 자립을 했으면 곤궁하고 절박한 교회를 향해서 축복을 흘려 보내야 한다. 그래야 작은 교회를 의도적으로 유지할 수 있다. 성장과 성공을 추구하지 않는다면 잉여는 나의 것이 아니라 다른 이의 몫이다. 물은 흐르게 되어 있다. 흐르지 않고 고이면 썩는다. 이는 자연의 원리이다. 축복은 흘러가야 한다. 흐르지 않으면 탐욕이 되고, 일만 악의 근원이 된다. 하나님은 신실하시다. 하나님은 부자와 가난한 자를 다 보신다. 어떻게 하는지를 눈여겨보신다. 그 하나님은 작은 자의 하나님이고 가난한 자가 복이 있다고 하신다.

아둘람 공동체의 변화　　아둘람은 피난처 공동체이다. 사무엘상 22장은 이 아둘람 공동체를 짧게 소개하고 있다. 다윗이 사울의 압제를 피하여 광야를 전전하다가 숨은 곳이 베들레헴과 블레셋 지역 라기스의 중간 지점의 고원에 위치한 아둘람이다. 이곳에는 천연 굴이 많다. 다윗이 안전한 피난처를 마련하였다는 소식을 듣고 다윗의 집안과 더불어 환란을 당한 자와 빚진 자와 마음이 원통한 자가 다 모여들었는데, 400명가량이 되었다. 사울이 폐위되면 등극할 인물로 기름부음을 받은 다윗에게 정권을 창출할 수 있는 인재들이 아니라 사실은 골칫덩어리들이다. 이들을 데리고 무엇을 하겠는가? 그런데 역대상 11장에는 다윗의 아둘람 출신 용사들이 거명되어 있다. 이들은 다윗 왕조를 떠받치는 기둥들이 되었고, 다윗 통치를 이스라엘에 실현해 나가는 통로들이었다. 사울 왕국에서는 버림을 받았던 자들이 다윗 왕국에서는 다윗의 통치 이념을 이뤄 나가는 인재들이 되었다. 다윗이 이들을 어떻게 어루만지고 인재로 키워 냈겠는가? 전모를 다 파악할 수 없겠으나 그 단면은 시편 곳곳에 나타나 있다. 그중에 시편 57편은 아둘람 공동체를 다윗이 어떻게 통치를 위한 재목들로 바꾸어 나갔는지를 보여 준다. 다윗은 "내가 새벽을 깨우리로다!" 외치며 사울 통치의 어두움을 깨치고 나가서 이스라엘에 밝음을 가져올 여명(새벽별)이 되기로 작정한다. 새벽을 기다리지 않고, 새벽을 깨우기로 결단을 하며 하나님의 주권과 영광을 선포한다. 이러한 결단 이전에 아둘람 공동체가 어떤 심경이었는지를 1-6절은 잘 묘사하고 있다. '재앙', '부르짖음', '비방', '사자'와 '불사르는 자', '창'과 '화살', '날카로운 칼', '억울함'과 '웅덩이'와 같은 단어들은 아둘람 구성원들이 겪은 수난과 고통을 대변한다. 하지만 이 단어들은 '은혜', '피난처', '지존하신 하나님', '구원', '인자와 진리', '영광'이라는 단어로 대치되고 새벽을 깨우는 결단이 이뤄진다.

한국 교회에는 가나안 교인과 유목민 교인, 스타벅스 교인들이 많다. 목회자나 교회 기득권자에게 상처를 입었거나 잘못된 신앙관으로 인해 스스로 상처를 입고 치유를 갈망하는 많은 신자들이 있다. 그리고 진짜 복음을 기다리고 있는 분들도 많이 있다. 작은 교회는 이들을 불러 모아서 상처를 치유하고 회복시켜서 하나님 나라의 일꾼으로 양육하는 곳이다. 다윗처럼 "내가 새벽을 깨우리로다!"는 여명 정신과 결단으로 높은 벽이나 깊은 골짜기로 여기던 세상과 맞장 뜨기로 작정한 목회자가 의도적인 작은 교회 사역자이다.

작은 교회는 아둘람 공동체가 되어야 한다. 작은 교회

는 가진 자가 가지지 않은 자를 위해 배려하고 베푸는 곳
이다. 앞선 자가 따라오는 자와 보조를 맞추는 곳이다. 잘
사는 것은 소유 가치가 아니라 존재 가치를 위함이다. 존
재 가치는 존재의 목적에서 발생한다. 목적에 맞게 사용
할 때에 가치가 있다. 잘 사는 것은 차별을 하기 위함이 아
니라 차별을 없애기 위함이다. 공동체로서의 교회는 어떠
하냐가 아니라 무엇을 하느냐가 중요하다. 즉 소유 가치가
아닌 존재 가치를 드러낼 때에 진정한 교회가 된다. 무엇을
얼마나 가졌느냐가 중요하지 않고 어떻게 그 가치를 드러
내느냐가 중요하다. 소명과 위임을 받은 사명에 충실하게
제 몫을 다할 때에 교회는 존재 가치가 있다. 교회는 이 세
상을 차지하기 위함이 아니라 이 세상 권리를 포기하고 하
나님 나라를 드러내기 위해 산다. 그래서 교회의 존재 방
식은 나그네와 외국인이다.

일상의 가치가 중요하다　작은 교회 운동은 일터 교회
나 선교적 교회와 같은 맥락에서 '일상'의 가치를 존중한
다. 믿음을 드러내는 무대는 교회가 아니라 삶의 현장이
다. 믿음은 교회에서 검증되지 않고 세상에서 검증된다.
믿음의 능력은 교회에서 쓰이지 않고 세상에서 쓰여야 참

능력이다. 교회에서 힘쓰지 말고 세상에서 힘써야 한다. 교회가 아니라 세상에 열정을 쏟아부어야 진짜 신앙의 맛을 알 수 있다. 교회를 어떻게 할까 생각하지 말고 세상을 어떻게 할까 골몰하며 사는 신앙인이 교회를 사랑하고 세상을 변화시키는 진짜배기 신앙을 가진 하나님 나라 백성이다. 교회로 자꾸 모이지 말고 "나가 놀아라!"고 방향 전환을 시켜 주어야 신앙 생활의 열매를 거두게 된다. 교회에 중독된 신자들이 있다. 교회 밖에 나가면 힘을 못 쓰고 교회 안에서 힘을 쓰는 신자는 잘 믿는 사람이 아니라 불량 신자이다. 교회에서는 좋은 신자인데 세상에 나가면 신앙의 위력을 발휘하지 못하는 교인은 종교인에 머무른다.

특별 새벽기도회, 특별 집회, 특별 헌금, 총동원 전도주일 같은 특별 전도 이벤트는 교인들의 무관심과 무감각을 일깨우는 이벤트이다. 한편으로 의미가 있겠으나 한편으로는 상술 같은 느낌이 든다. 성경에 특별 이벤트를 하였던 때는 위기의 순간이다. 예수님은 특별 이벤트를 하지 않았다. 홍보를 하지 않았다. 바울도 그랬다. 베드로도 그랬다. 구약에 나타난 특별 이벤트는 사무엘의 미스바 집회나 에스라의 특별 사경회, 에스더의 특별 금식기도, 요시아의 유월절 등과 같이 민족의 총체적인 위기 상황이다. 특별이 특별하기 위해서는 더 강도가 센 특별을 해야 하고 결국은 면역력이 생겨서 약발이 떨어진다. 특별 이벤트는 위기의 상황에서 하여야 한다.

작은 교회는 정규 모임을 중심으로 운용되어야 한다. 적은 수의 교인들이 이리저리 동원되고 봉사를 하면 지쳐 버린다. 작은 교회 목회자가 부흥에 대한 욕심이 생겨서 교인들의 일상생활 리듬을 깨트리고, 자꾸 교회에 모이라고 하면 대부분 탈진한다. 적은 수의 교인이 주일과 수요, 금요 기도회 그리고 새벽기도회까지 다 운용하면 모두가 힘들다. 똑같은 회중에게 다양한 시간에 다양한 메시지를 계속 전한다는 것은 무리가 있다. 모이지 않는다 해서 특별 이벤트를 하면 다음에는 더 모이지 않는다. 모임을 가능한 한 줄여야 한다. 수요 예배는 본래 기도회이다. 수요일이나 금요일에 한 번만 하면 된다. 새벽기도회는 자발적으로 참여하고, 때로는 자생적인 기도 시간을 가지거나 부득이한 경우에는 소셜 네트워크를 통해 큐티 나눔을 하면 된다.

작은 교회는 교회에 모이는 교회가 아니라 세상으로

나가는 교회이다. 교회는 최소한의 운용을 하면서 잘할 수 있는 한두 가지만 하려고 해야 장기적이고 지속적인 운용이 가능하다. 개척 교회 목사들이 왜 탈진하고 중한 병이 드는가? 너무 애쓰기 때문이다. 능력 이상으로 활동하면 방전된다. 교인 중 한두 명이 어떤 일을 하자고 해서 온 공동체가 다 하면 무리가 온다. 다수가 할 수 있는 일을 지속적이고 활동적으로 하면 된다. 풍경이 있는 교회를 섬기면서 선교나 구제 또는 교육 프로그램을 하면 오겠다는 분들이 종종 있었다. 잘하는 교회에 가라고 했다. 일일이 요구에 부응하여 상황 부합하다 보면 핵심적인 사역을 놓칠 수 있다. 일일이 다 필요와 요구를 충족시키려는 자세는 과잉 서비스 정신으로 인정을 받고자 하는 욕망 때문이다. 교회의 몸을 찌우기 위한 사역이 아닌 가정과 일터를 풍성하고 역동적으로 만드는 사역이 올바른 방향이다. 교회를 유익되게 하지 않고, 교인과 사회가 유익이 되도록 설정된 목회가 올바르고 건전하다. 진짜 신앙은 교회 신앙이 아니라 일터 신앙이고 일상의 신앙이다.

의도적인 작은 교회는 사고의 전환이 필요하다. 진정한 복음은 성속 이원론을 극복한다. 하나님이 깨끗하다고 한 것을 사람이 속되다고 할 수 없다(행 10:15). 입에 들어가는 것이 부정하지 않고, 입에서 나오는 것이 부정하고 악하다(막 7:15-16). 교회와 세상을 이분법으로 보는 논리는 복음의 논리가 아니다. '모이는 교회'와 '흩어지는 교회'가 균형을 이루어야 한다. 교회 중심의 삶은 의미가 있고 중요하다. 교회가 중심이면 구심력과 동시에 원심력이 있어야 한다. 교회가 구심력만 발휘한다면, 신자들이 삶의 현장을 등한시하고, 삶을 영위하는 세상에 가치를 부여하지 않는다. 그리스도인은 이 세상에 속하지 않지만, 이 세상에 살고 있다. 그리스도인은 세상과 격리되지도, 세상을 초월하지도, 세상에 동화되지도, 세상과 병립하여 살지 않고 세상을 변혁시키라는 사명을 가지고 있다. 이는 에덴에서 주어진 문화적 명령이다.

　신앙인은 교회 중심의 삶을 살되 교회에 붙어 살아서는 안 된다. 교회는 신자가 세상에서 재창조의 능력으로 살아가도록 삶의 방향과 가치를 재정립하여 주기 위해 존재한다. 신자가 힘을 기울여 경작하고 열매를 거두어야 할 현장은 교회가 아닌 세상이다. 삶의 현장을 포기하거나 등한시하는 신앙은 광신이고, 신앙이 아니라 종교 행위이다.

신앙은 교회 안에서 검증되지 않고 세상에서 그 진위 여부
가 검증된다. "노동이 기도요, 기도가 노동이다"라는 말을
예수원에서 볼 수 있다. 기도와 노동을 독립된 가치로 인
정하되, 이 둘은 동전의 양면과 같다는 말이다. 일과 땀의
가치를 모르는 신앙은 신앙이 아니다. 신앙인은 현실에 발
을 붙이고 살며, 이 땅에 하늘에서와 같이 주의 뜻이 이루
어지기를 기도하되 기도한 대로 살아가는 사람이다. 노동
의 영성이 없는 기도의 영성은 없다.

　　교회가 중요하다면, 살아가는 세상도 중요하다. 교회
에서 열심히 하는 만큼 일터와 가정과 같은 현장이나 정
치, 경제, 문화, 교육과 같은 영역에서 열정을 쏟아부어야
한다. 직장 일은 게을리하고 교회에 열심인 신앙은 종교적
짝퉁이다. 물론 직장은 열심인데 교회는 등한시하는 신앙
은 신앙의 맛을 모르는 세속적인 짝퉁이다. 어떤 가치와
방향을 설정하고 살아가느냐에 따라서 세상에서 하는 일
의 가치가 달라진다. 하나님을 절대 가치로 삼고, 하나님
의 가족인 교회에 내 삶의 중심을 두되, 현실에서 치열하
게 하나님의 뜻을 드러내고 하나님 통치를 이루어 가는
삶을 산다면 정말 가치 있는 삶을 살고 있다고 할 수 있다.

일주일의 삶 가운데 많은 시간을 보내고 치열하게 땀을 흘리며 고군분투하는 현장인 일터와 가정은 중요하다. 왜냐하면 신앙의 열매는 교회가 아닌 일터와 가정에서 맺어지기 때문이다.

'예수가 주'라는 신앙고백은 추상적이다. 이 신앙고백은 삶의 현장에서 구체적으로 실현되어야 한다. 주일성수는 율법이 아니라 나사렛 예수가 나의 삶의 주인이라는 신앙고백이자 절대 가치인 예수 그리스도 우리 주에게 방향을 설정하는 가치 조율이다. 한 공동체가 모여서 예배를 드리는 것은 종교 의식이 아니라, 공동체적 신앙고백이다. 언약의 공동체가 믿음으로 연대하여 예수 그리스도의 이름으로 하나님 아버지 앞에 경배하는 것이다. 예배는 먼저 하나님이 나의 삶의 주인이요 중심임을 고백하면서, 그 외에 다른 것을 향해 추구하였던 나의 흐트러진 삶의 방향을 재정립하는 시간이다. 예배는 내가 살아온 삶의 가치들을 절대 가치인 하나님 나라의 가치에 조율하는 시간이다. 식구들이 함께 모여 교제를 통해 자신의 삶을 나누며 격려와 위로를 받고 힘을 얻어서, 세상으로 파송되어 나가서 생활 예배를 통해 하나님의 뜻을 이루는 삶을 살도록 한다.

　　주일이 중요하다. 주일이 중요한 것은 월요일부터 토요일까지가 더 중요하기 때문이다. 안식일을 위해 사람이 있지 않고, 사람을 위해 안식일이 있다(막 2:27-28). 주일은 평일에 힘든 사람들이 쉼을 얻고 회복하는 시간이다. 말씀과 은혜를 갈망하는 사람들이 양식을 먹고 목을 축이는 시간이기도 하다. 주일에 은혜와 말씀을 제대로 공급하면 평일에 열심히 일을 하고 신앙적인 열매를 맺어 간다. 예배는 교회에서 예전을 통해 드리는 것뿐 아니라, 세상에서 직업과 삶을 통해서도 드린다. 한쪽에 치우치면 가짜이다.

　　십일조도 율법이 아니라 예수 그리스도가 나의 주인이 되심을 고백하는 신앙고백이다. 모든 것이 주로부터 왔으며 주로 말미암고 주께로 돌아간다(롬 11:36)는 진리를 인정하고, 수고의 첫 열매로 십일조를 그 신앙고백의 표증으로 드린다. 십일조가 중요하다. 십일조가 중요한 것은 십의 구가 더 중요하기 때문이다. 십의 구 역시 내 것이 아니라 하나님의 것이다. 상징으로 하나님께 십일조를 드렸으면 나머지도 하나님의 것으로 인정하고 하나님의 뜻에 맞추어서 사용한다. 재물은 현실적이고 매우 실제적이다. 십일조 신앙은 현실에 매우 강력한 신앙적 증거와 열매를 맺도록 한다.

　교회가 특별한 곳이고, 주일이 특별한 날이고, 십일조가 특별한 재정이다. '특별'이 드러나기 위해서는 '일상'이 중요하다. 특별함은 보통이 없으면 무의미하다. 의도적인 작은 교회는 교회에서 경쟁을 통해 승리하기 위해 힘을 빼도록 하지 않고, 삶의 현장에서 힘을 쏟아붓도록 한다. 그래서 최소한의 운용을 한다. 종교인이 되지 않고 삶의 현장 속에 신앙인이 되도록 격려하고 후원하고 동기를 부여한다. 삶에 집중되지 않으면 교회에 도피한다. 종교인이란 종교에는 전념하고 헌신하는데, 일상생활에서 그 종교의 가치와 능력이 전혀 드러나지 않는 사람이다.

　최소 적정 운영과 자발적 불편　교회가 본질을 구현하려면 네 가지 사역이 필요하다. 예전, 교제, 교육 그리고 섬김이다. 이 네 가지 중에 작은 교회는 예배와 교제를 본질적인 사역으로 집중을 하고, 훈련과 섬김은 선교 단체나 주변 교회와 연대하여 감당할 수 있다. 왜 이렇게 하는가? 한 교회가 모든 것을 다 하려고 점점 비대해지고 점점 문어발식 확장을 하는 것이 트렌드이다. 협력과 연합을 하지 않는다. 자신의 힘으로 모든 것을 할 수 있는 역량을 배양한다. 예배, 교육, 선교, 훈련, 구제, 사회봉사, 심지어 출판과 카페와 식당까지도 대형 교회들은 가지고 있다. 대기업의 문어발식 확장을 통한 중앙 집중과 대형화 전략과 비슷한 양상이다. 결국 교회와 교회 사이, 교회와 선교 단체 사이에 적자생존의 법칙이 지배하게 된다. 선교 단체와 교회가 서로 대결을 벌이면 재정이나 인적자원이 취약한 선교 단체들은 굴복할 수밖에 없다. 전문 사역에 헌신한 자들이 결국 선교 단체를 버리고 교회에 영입되고, 선교 단체는 키워 놓은 인재들을 보낼 수밖에 없는 처지가 된다. 목회자는 교육, 훈련, 선교, 구제 등과 같은 사역에 전문적인 훈련을 받지 않았다. 전문 사역은 전문 선교 단체에 맡겨야 하지 않을까?

　이러한 폐단에 대항하고 공존과 상생의 목회 생태계를 위해서 작은 교회는 최소 적정 운용과 자발적 불편이라는 원칙을 고수한다. 첫째, 최소 적정 원칙은 한 교회가 할 수 있는 사역만 하고, 다른 사역은 교회나 선교 단체를 통해 간접적으로 하는 것이다. 예배와 교제와 주일학교는 모든 교회가 감당해야 할 사역이다. 그러나 중보기도 사역과 선교와 구제는 전문적인 선교 단체를 통해서 할 수 있다. 이 원칙은 일상 영성이 깊은 신자를 양육하고, 하나님 나라를 이 세상에 펼치기 위해서도 꼭 필요한 원리이다. 둘째, 자발적 불편함의 원칙은 공간과 시설과 자원으로 인한 불편함을 자발적으로 감내하면서, 더 좋고 편한 길을 추구하지 않으려는 의도적인 결단이다. 자발적 불편함은 작은 교회가 집단 이기주의에 물들지 않고 타파하기 위한 고육책이다. 교회를 시작할 때에 공간을 마련하고, 좁게 여겨지면 더 큰 곳으로 옮기려고 한다. 음향과 영상 장비도 더 좋은 것으로 바꾸려고 한다. 개선과 확장으로 방향 설정이 되면, 선교와 구제 사역들을 할 수 있는 여력은 없을 수밖에 없다.

교인과 시설과 재정은 한 교회의 소유물이 아니다. 교회는 이들을 관리하도록 위임을 받은 청지기이다. 청지기는 자기 욕심을 부리거나 자기 꿈을 추구해서는 안 된다. 청지기는 주인의 뜻에 따라 주인이 위임한 사람과 도구와 재정을 사용해야 한다. 청지기인데 자기 마음대로 사용하고 이기적인 생각을 가지면 악한 청지기이다. 교인도 주 예수 그리스도에게 속하였고, 건물도 하나님 나라를 위해 지

역에 세운 공간이다. 재정도 하나님의 뜻에 맞도록 사용하
도록 위탁하신 자원이다. 적절한 분량에서 사용하되, 잉여
는 흘려 보낼 수 있어야 한다. 흐르는 것은 위로 증발되는
것이 아니라 아래로 흐르는 것이다.

　풍경이 있는 교회가 현재의 자리에 이사를 오고서, 몇
몇 선교 단체가 교회 공간을 사용하였다. 한 선교 단체가
수요일부터 금요일까지 세미나를 하였다. 교회 정규 모임
이 겹쳤다. 장소를 구하기 위해 안절부절못하는 모습을 보
면서 결단했다. 우리가 보조 공간에서 예배하고 기도하고,
그 단체가 본 공간을 사용했다. 음향과 영상과 악기를 다
양보했다. 교인들이 불평했다. 왜 우리 교회에서 우리가 셋
방살이 하듯이 궁색하게 모임을 가지냐고. 내가 말했다.
우리 교회가 어디 있냐. 저분들은 '너희' 교회냐?

　선교훈련학교를 하는 선교 단체가 장소를 구하다가
찾아왔다. 토요일 오전부터 오후 3시까지 사용한단다. 사
실 불편하다. 목양실에서 주일을 준비해야 하는데 출입도
불편하고, 강의나 찬양으로 집중이 되지 않는다. 주차 공
간에도 불만이 쌓인다. 주방 사용도 민감하다. 그래도 사
용하라고 했다. 세 학기 연속으로 사용하고 있다. 사실 불

편하다. 그러나 내가 불편해야 다른 이가 편할 수 있다. "손 대접하기를 힘쓰라! 부지 중에 천사를 대접한 이가 있다" (히 13:1) 하셨다. 그리스도인은 나그네와 외국인이다. 우리가 불편을 감수하며 선교 단체에 훈련 장소를 허락한 이후에 교인 수가 늘어났고, 재정도 적자에서 흑자로 돌아섰다.

하나님 나라의 복음 이사야 40장 9절, 52장 7절은 복음을 "좋은 소식" 또는 "아름다운 소식"으로 표현한다. 이사야에서 복음은 '하나님이 다스리신다'는 뜻이다. 이사야는 이 복음을 전하는 자의 기름 부음(메시아)을 61장 1-3절에서 선포한다. 그러면 이사야가 예언한 복음을 선포하고 하나님 나라를 이루는 메시아는 누구인가? '여호와의 고난을 받는 종'이다. 예수는 나사렛 선언(눅 4:16-19)에서 이사야 61장 1-3절을 인용하여 복음을 선포하는 자신의 신원과 사명을 밝히고 있다. 복음은 나사렛 예수이다. 나사렛 선언은 이사야 61장과 11장을 예수의 삶에서 연결시켜 준다. 이사야 11장에서 예수는 가지(나사렛)이다. 이 '가지'는 이사야 52장 2절에서 연한 순과 마른 땅에서 나온 뿌리이다. 52장 7절에서 복음은 평화와 구원을 가져온다.

구원은 이사야 61장에서 가난한 자에게 선포되는 복음을 통해 이뤄지는 치유와 해방이다. 평화는 이사야 11장에서 약자와 강자가 함께 어울리는 모습이다. 이 구원과 평화는 예수의 사역을 통해 성취되고 선포되었고, 십자가와 죽음을 통해 완성되었다.

초대 교회의 사도들은 이 예수를 복음의 내용으로 선포했다. 사도 바울은 이 복음의 핵심으로 십자가와 부활을 선포하고(고전 15:1-3; 롬 1:1-4), 예수를 믿는 자들의 삶의 방식으로 강력하게 천거하였다(빌 1:27). 사도 바울은 이 복음을 모든 믿는 사람에게 구원을 주시는 하나님의 능력으로 선포하면서(롬 1:16), 이 복음 외에 '다른 복음'을 전하면 천사라도 저주를 받는다고 단호하게 선언한다(갈 1:8). 복음서 기자들은 자신들이 묘사하고 있는 예수 그리스도의 삶과 생애를 '복음'이라는 문학적 장르로 창의적으로 채택한다. 특히 마가는 첫 문장에 "이사야의 글에 따른 하나님의 아들 예수 그리스도의 복음의 시작"으로 자신의 복음을 독자들에게 소개한다. 마가는 '복음'의 내용과 의미를 이사야를 통해 이해하고 선포한 나사렛 예수의 의도를 정확하게 파악하고 있다. 복음은 예수 그리스도의 십자가와 부활을 통해 가져오는 구원을 선포하는 내용인 동시에, 또한 실제 생활 방식이다. 바울은 빌립보 교인들에게 '복음에 합당한 시민생활을 하라'고 권고했다(빌 1:27).

오늘날 '다른 복음'(갈 1:7)은 무엇인가? 영혼의 구원만을 강조하고 사회적 책임을 간과하는 이원론적 구원을 주장하는 복음이다. '예수 천당 불신 지옥'을 외치면서 세상을 정죄하고 저주하는 복음이다. 성공이 곧 축복이라고 가르치는 성장 지상주의 복음이다. 물질적인 축복과 성공을 풍성하게 누리는 것이 축복이라는 풍요의 복음이다. 창조 세계에 대한 책임을 간과하고, 인간의 존엄성이 파괴되는 현실을 도외시하는 복음이다. 크면 클수록 좋다고 가르치면서 독점과 조종과 지배를 가르치는 복음이다. 이데올로기에 편향되어 다른 사상과 인종과 의견을 그릇되었다고 정죄하는 복음이다. 인종차별과 민족 지상주의와 남녀 차별과 권위주의로 인간을 어떤 형태로든 차별하고 억압하는 복음이다. 치유와 화해가 아닌 분열과 상처를 주는 어떤 형태의 메시지나 행동이다.

진짜 복음은 무엇인가? 십자가와 부활이 핵심이 되는 복음이다. 십자가와 부활은 나사렛 예수가 가져온 구원과 평화의 핵심이다. 개인적인 영혼의 구원뿐 아니라 전인적인 구원을 선포하며, 종교적인 일뿐 아니라 사회와 자연을 포괄하여 균형을 잡고 총체적인 치유와 회복을 선포하는 복음이다. '작은 것이 아름답다'고 선포하고, 독점과 축적과 포식을 거부하며 나눔과 섬김을 실천하는 복음이다. 권리를 포기하고 낮은 곳을 향해 나아가는 십자가의 복음이다. 악과 고난이 지배하는 죽음의 문화를 극복하고 생명과 재창조의 능력을 세상에 선포하는 부활의 복음이다. 종교라는 아성에 안주하여 자신의 성채를 쌓지 않고, 의와 평강의 하나님 나라를 세상에 가시적으로 보여 주는 복음이다.

가치 혁명이 핵심이다　나사렛 예수의 하나님 나라 운동이 당시의 수많은 메시아 운동이나 종교 집단의 사상과 구별되는 근본적 차이점은 무엇인가? 가치 혁명이다. 가치는 차이를 나타내고, 차이는 영향력을 가져온다. 하나님 나라의 가치는 세상의 가치와 근본적으로 다르다. 나사렛 예수의 복음이 세상을 변혁시킨 근원적인 힘은 가치의 차이이다. 나사렛 예수의 성육신과 십자가는 가치의 차이를 드러낸다. 부활은 그 가치에 대하여 하나님이 옳다고 인정하심이다. 부활하신 예수는 하나님 보좌 우편에 좌정해서서 자신을 통해 시작된 하나님 나라를 다스리신다. 예수의 다스림은 성령을 통해 이뤄진다. 성령은 신자에게 하나님의 마음과 능력을 부여하신다. 성령을 받은 믿음의 공동체는 세상에서 예수 그리스도의 통치를 이루어 가는 삶을 산다. 그 삶은 하나님 나라의 가치를 드러낸다. 이 가치는 그레코로만 세계의 다른 종교가 나타내는 가치와 다르다. 이 가치는 유대교 내 다른 종파들의 가치와도 다르다. 이 가치는 로마 제국이 추구하는 가치와도 다르다. 그 가치는 겨자씨와 누룩처럼 세상을 변혁시킨다. 나사렛 예수가 가르치고 선포한 가치 혁명은 무엇인가?

무릇 자기를 높이는 자는 낮아지고, 자기를 낮추는 자는 높아지리라(눅 14:11)

큰 자는 젊은 자와 같고, 다스리는 자는 섬기는 자와 같을지니라(눅 22:26)

먼저 된 자가 나중 되고, 나중 된 자가 먼저 된 자이다(눅 13:30)

큰 자가 작은 자가 되고, 작은 자가 큰 자가 된다(눅 9:48)

큰 자는 자기를 낮추는 자이고, 섬기는 자이다

(마 18:4; 23:11)

주는 자가 받는 자보다 복이 있다(행 20:35; 눅 12:33; 행 2:45)

군림하거나 조종하지 않고 '다리를 놓는' 왕의 제사장이다

(눅 22:25-26; 벧전 2:9)

가난한 자가 복이 있다(마 5:3; 눅 6:20)

하나님 나라에는 구별은 있지만 차별은 없다. 아무도

속되다 하거나 깨끗하지 않다 하지 말라

(막 7:15-16; 행 10:15)

작은 것이 아름답다(눅 12:32)

약할 때 강함이라(고후 12:9-10)

나사렛 예수의 가치관은 세상과 근본적으로 달랐으
며, 당시 사회의 가치를 전도시키는 능력이 있었다. 이 복
음의 가치가 세상을 뒤바꾸었다. 로마 제국의 정치범으로
십자가에 죽은 예수의 복음은 예루살렘으로부터 로마 제
국 전체로 퍼져 나가면서 누룩과 겨자씨와 같이 하나님
나라를 이루어 갔다. 나사렛 예수가 죽은 지 불과 20년 안
에 유대인들은 데살로니가에서 바울 일행을 가리켜 "천

하를 어지럽게 하던 [뒤집어 놓았던] 이 사람들"(행 17:6)이라고 하였다. 유대 변호사 더둘로는 바울을 "전염병"이라고 했다. 그 복음은 지금 "대저 물이 바다를 덮음과 같이 여호와를 아는 지식이 세상에 충만할 것임이라"(사 11:9; 합 2:14)는 예언과 같이 편만해 가고 있다.

나사렛 예수의 가치 혁명은 작은 교회에 어떤 교훈을 제시하는가? 의도적인 작은 교회의 존재감은 얼마나 하나님 나라의 가치를 이 땅에서 구현해 나가는지에 달려 있다. 나사렛 예수는 가치 혁명을 통해 하나님 나라를 시작하였고 사탄이 악과 고난을 통해 통치하는 세상을 의와 평강으로 변혁시켰다. 나사렛 예수의 하나님 나라를 이루기 위해 부름을 받은 작은 교회도 현 한국 교회의 생태계를 치유하고 회복하기 위해 작은 교회의 핵심 가치를 천명하고 실현해 가야 한다. 가치는 이론이 아니다. 가치는 실제이다. 실현되지 않는 가치는 가치가 없다. 핵심 가치를 삶과 사역을 통해 진리로 경험할 때에, 그 가치를 구현하는 자에게는 상징 자본이 생긴다.

프랑스 사회과학자 피에르 부르디외는 자본을 4가지로 나눈다. 경제 자본, 문화 자본, 사회 자본 그리고 상징 자본이다. 경제 자본은 경제 행위를 할 수 있는 재물이고, 문화 자본은 학위와 같은 제도화된 문화적 소유이고, 사회 자본은 사회관계망을 획득하고 유지할 수 있는 능력이며, 상징 자본은 의식, 위신, 명예와 같이 상징적 효과를 통해 사회관계에 영향을 줄 수 있는 역량이다. 작은 교회는 상징 자본을 가져야 한다. 상징 자본은 다른 의미에서 영적 자본과 상통한다. 영적 자본이 없으면 교회는 세상과 똑같다.

어떻게 영적 자본을 가질 수 있는가? 영적 능력을 얻어서 예언과 신유와 능력을 행사하는 것, 집회와 저술을 통해 대중적인 지명도를 얻는 것을 영적 자본이라고 할 수 있다. 영적 지식을 많이 습득하는 것도 영적 자본이라고 할 수 있다. 하지만 이러한 목록들은 사람들을 모으고 동원할 수는 있어도 사람을 변화시키거나 한 사회를 변혁시킬 수는 없다. 변혁은 가치 혁명을 통해 이뤄진다. 가치가 변하지 않으면 사람이나 사회는 변하지 않는다. 변한 것 같지만 겉모습만 바꾼 것이다.

어떻게 가치를 변화시킬 수 있는가? 가치는 가치에 대한 확신과 더불어 가치 구현이라는 실제 경험이 없으면 추상적이다. 영적 능력과 진리를 안다고 영적 자본이 있는 것은 아니다. 진리가 진리임을 체험한 사람은 확신과 소신이 있다. 작은 교회의 핵심 가치를 인지하고 이해한다 해서 영향력을 미칠 수 없다. 공동체적 체험을 공유하고 공명을 일으킬 때에 영향력이 나타난다. 한 가지라도 진리의 가치를 체득하는 발걸음이 우선적이다.

'일용할 양식'의 가치를 예로 들어 보자. 돈은 위력이 있다. 일용할 양식으로 살라고 하면 대부분 이해가 되지 않거나 현실을 무시한다고 한다. 그러나 실제로 살아 본 사람은 확신 있게 증거를 할 수 있다. 개인적으로 공동체적으로 경험하지 않으면 성경에 기록된 가치일 뿐이다. 그러나 신실하게 본분을 다하며 기다리다가 실제 까마귀를 통해서 공급하시는 손길을 경험하면 신실하신 하나님에 대한 신뢰가 생긴다. 자신뿐 아니라 다른 동료에게도 그렇게 살라고 확신을 가지고 요청할 수 있다.

재력이나 학위나 사회관계로 목회를 하는 자는 구태여 작은 교회를 할 필요가 없다. 그러나 상징 자본으로 목회를 하고자 하면 작은 교회 목회자로서 적합하다. 참된 목회는 교단, 신학교, 학위, 재원의 동원 능력이나 사회적 권력 사용에 영향을 받지 않는다. 참된 목회는 상징 자본으로 한다. 하나님 앞에서 받은 소명감과 사명을 수행하기 위한 권위로 한다. 하나님 나라의 가치를 몸으로 체득하고, 그 가치를 구현할 소명 의식과 사명의 권위로 사역을 한다. 목회자의 권위는 교회의 머리가 되신 주 예수 그리스도로부터 오지 사람이나 제도로부터 오지 않는다.

예수는 세례 때에 하늘에서 들었던 음성, "이는 내 사랑하는 아들이요, 내 기뻐하는 자라!"에 근거하여 자신의 공생애를 보내셨다. 그 권위는 땅의 권위가 아닌, 하늘이 부여한 권위이다. 성령으로 기름을 부으신 권위였다. 서기관이나 바리새인, 대제사장들과는 분명히 차이를 드러내는 권위였다. 목회자가 신적으로 승인된 권위의식을 가지면, 교회에서 큰소리치거나 사람들을 현혹하거나 자신의 부귀 영광을 추구하거나 하지 않는다. 사명에 충실할 뿐이다. 사명으로 인해 죽음의 길도 마다하지 않는다. 사도 바울은 자신의 복음이 사람에게 전수받은 것도 아니요, 사람에게서 배운 것도 아니요 오직 하나님께로부터 왔기에 자신이 선포하는 복음 외에 다른 복음을 전하면 저주를 받는다고 선언하였다. 다메섹 도상에서 만난 승천하신 그리스도와의 만남이 복음의 시작이요, 사도로서의 부르심의 현장이었다. 바울은 그 소명 의식과 사명감으로 그리스도의 복음을 전했다.

의도적 작은 교회의 사역자는 소명 의식과 사명 의식이 분명해야 한다. 그러면 세상의 가치를 거슬러 간다. 그 가치는 세상을 변혁시키는 영향력이 있다. 그 가치는 사람으로부터 오지 않고, 하나님에게서 비롯된 진리의 가치이다. 진리에 불타는 열정을 가진 작은 교회는 세상을 변혁시키는 가치 혁명으로 영향력을 끼친다.

새로운 관계로

가십시오

3장

의도적인 작은 교회는 좁은 길이다. 경쟁을 뚫고 나가기가 어려워서 좁은 문이 아니라, 의도적으로 좁은 길을 선택한다. 성장 위주의 목회를 포기한다. 자발적인 불편함과 최소 적정 운용을 한다. 일용할 양식의 원리로 지나침과 넘침을 흘려 보낸다. 성공한, 안정권에 있는 자들이 아닌 상처 입고 실패한 자들을 품기로 작정한다. 특별을 선호하지 않고 일상을 강조하여 특이하고 특출 나려고 하지 않고, 판에 박힌 일상의 반복과 평범한 일반을 추구하여 견고하고 신실하게 하려고 한다. 풍요와 성공의 복음이 아닌 치유와 회복을 위한 십자가와 부활의 복음에 초점을 맞춘다. 이기적인 탐욕을 포기하고 나눔과 섬김의 원리로 가치 혁명을 이루려고 한다. 헨리 나우웬이 말했듯이, 상황 부합의 시험과 이목 집중의 시험과 권세 확보의 시험을 극복하고, 나사렛 예수가 가신 길과 삶의 방식을 따르려고 한다.

좁은 길을 갈수록 방향 설정이 중요하다. 자칫 잘못하면 수렁과 늪에 빠진다. 궤도를 이탈하면 더 참혹한 상황이 벌어진다. 여기서는 몇 가지 방향 설정의 지침을 제시하고자 한다.

부담스럽지 않게 시작하라 작은 교회를 시작할 때에 부담스럽지 않아야 한다. 왜 개척 교회의 생존율이 낮은가? 여러 요인이 있지만 무겁게 시작하기 때문에 힘들다. 어느 정도의 규모와 시설을 갖추고 모양새가 나도록 출발하고 싶은 마음은 누구나 있고 호소력도 있고 매력적이기도 하다. 그래서 초기 투자를 극대화한다. 재정을 마련하기 위해 자기 자본에 은행 융자를 끼고 과도하게 투자를 한다. 자본주의 사회에서 투자에 비례하여 이윤을 생각하는 것은 상식이다. 투자한 것 만큼의 효과를 내려고 한다. 그렇지 못할 때에는 항상 손해를 본다는 느낌이 들고, 이 느낌은 조급증을 불러온다. 모이는 교인이 적으면 목회자 생활과 공간 유지를 위해 후원에 의지해야 한다. 무리한 초기 시설 투자는 모두에게 부담을 주며, 공헌도를 계산하는 논공행상 원칙을 따르게 된다. 그러면 결국 그리고 싶은 그림을 그릴 수 없게 된다.

큰 공간에 사람이 얼마 없으면 가족들이 동원되고, 지인들에게 무리한 요청을 하게 된다. 공동체가 형성되는 과정에서 친족과 친구가 중심이 되면 처음에는 잘 진행되는 듯하지만, 결국 발목을 잡히고 한계에 부딪힌다. 이후에 찾아오는 멤버들은 먼저 자리 잡은 자들과 조화를 이루기가 쉽지 않다. 개척 멤버를 무리하게 구성하다 보면 참여에 대한 보상을 해야 한다. 자리를 마련해서 직분자를 세우면 유기적 관계가 뒤틀리고, 갈등과 불만의 원인이 된다. 모든 일이 그렇듯이 조급증은 탈을 일으킨다. 자연스러운 성장과 성숙을 원한다면, 자연의 이치를 따라야 한다. 식물과 숲은 천천히 자라다가 갑자기 커진다. 한 인간이 자라나는 과정도 그렇고 교회도 그렇다.

공간은 감정과 행동에 지대한 영향을 미친다. 모일 수 있는 숫자에 적합한 공간이 필요하다. 처음에는 가정 교회로 시작하는 것도 좋다. 그렇지 못할 경우 주일에 비는 사무 공간이나 크리스천 카페에서 모여도 좋다. 초기 투자비용이나 유지비용이 적게 들어야 부담을 가지지 않고 모일 수 있다. 발품을 팔면 의외로 주일에 쉬는 공간들이 있다. 서로 사용과 유지를 위해 양해를 하고, 일어날 수 있는 상황을 예측하면 갈등과 불편을 예방하고 줄일 수 있다.

풍경이 있는 교회는 크리스천 카페 '풍경'에서 세 가정, 10명으로 시작했다. 의자 배열만 바꾸니 적합한 예배 공간이 나왔다. 초기 비용이 거의 들지 않았다. 성탄절이

나 신년예배 등과 같이 평일에 카페를 사용해야 할 때에는
적은 규모의 교회와 연합해서 모였다. 어린이 주일 같은 행
사와 수련회도 연합으로 했다. 건물 욕심을 버려야 부담이
적고 마음이 편하다. 건물은 갈등의 씨앗이 되기 쉽다. 건
물 마련에 많은 역할을 한 사람이 결국 주인 노릇을 하기
때문에 그렇다.

　1년이 지나고 몇 가정이 모이고 숫자가 늘면서 여러
필요가 생겼다. 특히 주중에도 편하게 모여서 기도하고 공
부할 수 있는 공간이 필요했다. 그러던 중에 한 교회가 공
간 유지를 할 수 없어서 폐쇄할 위기에 있다가 우리에게 요
청이 왔다. 우리는 그곳으로 이사를 했고, 처음부터 하나
하나 마련해 나갔다. 책상부터 의자, 주방기구, 영상, 음향,
악기 등등. 구입해야 하는 것은 구입하고, 중고라도 있으면
얻어서 공간을 채웠다. 빈 공간을 채워 가는 재미, 어려움
가운데서 서로 배려하고 자원하는 모습, 내일에 대한 기대
가 조화를 이루면서 지금도 우리는 채워 가며 풍경을 그리
고 있는 중이다.

　하나님은 건물에 가둘 수 없다. 나그네와 외국인과 같
이, 하나님 나라가 이뤄지도록 순례의 길을 함께 걸어가는

공동체가 교회이다. 교회의 머리가 되신 주님이 계시지 않는 곳은 교회가 아니다. 한국 교회는 하나님의 축복이 물붓듯이 내릴 때에, 그 축복으로 땅을 사고 건물을 짓고, 주차장 만들고, 교육관을 짓고, 공동묘지를 마련하는 데 골몰했다. 지금은 그 건물과 소유를 유지하기에 급급하다. 그러나 웅장한 건물과 화려한 실내 장식, 최고급 장비보다 중요한 것은 긍휼과 나눔과 섬김이다.

탐욕을 버리라　교회는 가족이다. 가족은 대면 공동체이자 공동사회이다. 가족은 자연스럽고 인위적이지 않다. 1년 후에는 50명, 3년 후에는 100명, 10년 후 1,000명, 5년 안에 건축, 선교사 100명 파송과 같은 계획을 세우지 않아야 한다. 또한 자립도 하지 않은 상태에서 재정의 50퍼센트를 선교와 구제로 사용하겠다고 공언하거나 정관을 만드는 것도 부자연스럽다. 오히려 이러한 원칙과 계획에 매여서 공동체가 힘들게 된다. 이렇게 시작한 교회는 목표 때문에 침몰하게 된다. 교회는 목회자의 성공과 성취를 위해 존재하지 않는다. 교인은 목회자나 교회를 위해 희생되어서는 안 되고, 그리스도와 하나님 나라를 위해 희생을 감수해야 한다.

교회는 회사가 아니다. 영업 이익을 창출하고 또 투자하여 자산 가치를 확대 재생산하는 곳이 아니다. 교회는 목표를 두고 달려가면서 일을 해야 하는 곳이 아니다. 예배를 드리고 성도 간의 교제가 있으면 교회이다. 교회는 목표 지향적인 공동체가 아니다. 예수를 주로 모시고 사는 신자들이 함께 낮은 울타리를 만들고 모이는 곳이 교회이다. 함께 있어서 좋고, 서로 격려하고 자라다 보니 이렇게 있어서 되겠는가 싶을 때에 일을 시작하는 곳이 교회이다. 처음부터 업무 분담이나 재정 책임을 할당하는 곳은 교회가 아니고 영업 회사이다.

진정한 교회의 표지가 있는 교회는 의도적으로 계획하거나 인위적으로 부양하거나 억지로 떠밀지 않아도 자연스럽게 성장하고 성숙한다. 자연스럽게 성장하는 사람이 건강하듯 교회도 마찬가지이다. 교회가 복음의 본질에 맞추어 존재하고 사역을 하면 정말 필요한 사람이 찾게 된다. 조급증이나 우울증을 극복하고 농부와 같이 인내하며 농사를 지으면 된다. 인위적 성장 프로그램이나 세미나, 이벤트를 하지 않아도 하나님 말씀의 진리와 복음을 선포하면 자라나고 성장하며 열매를 맺는다. 닭장 안의 닭에게 사료를 먹여 사육하듯이 성장과 이익과 성과에 몰두하면 교회는 본질을 잃어버린다.

작은 교회는 영적 영업을 하지 않는다. 즉 얼마를 투자하면 얼마의 이윤을 남길 것인지 계산하지 않는다는 뜻이다. 영업을 하는 교회는 복음을 상품화시킨다. 이익이 되어야 관심을 기울인다. 영업이 잘되지 않으면 이벤트를 하여 바겐세일을 한다. 마치 회사를 경영하듯이 신자들을 훈련시켜서 세일즈맨으로 만들고 성과급에 대한 동기를 부여하고, 교역자들은 관리자로 감독과 책임을 지운다. 성과가 없으면 교역자를 해고시키듯이 불이익을 주는 경우도 있다. 총동원주일이라는 민방위훈련 시스템으로 전도 이벤트를 하기도 하고, 복음에 덧붙여서 상품이나 경품을 제시하며 성장을 추구하기도 한다. 복음이 바겐세일이 되고, 은혜는 값싼 은혜로 전락한다. 스스로 움직이지 않고 동원되는 교인도 불행해진다.

작은 교회는 복음 자체의 본질과 능력으로 얼마든지 존재할 수 있다. 가공하지 않은 복음으로도 얼마든지 교회의 본질을 나타낼 수 있다. 인위와 부자연을 거부해야 한다. 십자가의 복음과 부활의 능력을 세상에 드러내

는 교회는 생존 가능성과 유지 가능성과 성장 잠재력이
있다. '가능하냐', '불가능하냐'는 하나님의 일이다. '해야
되느냐', '하면 안 되느냐'는 우리의 일이다. 보여 주기 위
해 화려하고 웅장한 예배를 구상할 필요가 없다. 인위적
인 요소와 억지로 하는 사역을 배제하며, 이익과 손해를
계산하지 말고 복음의 본질을 추구하면 교회는 교회다워
진다. 동네 맛집은 홍보하지 않는다. 그래도 손님은 찾아온
다. 찾아올 뿐 아니라 사람을 데려온다. 입소문이 난다. 진
짜는 홍보할 필요가 없다. 광고를 많이 하는 제품일수록
가치가 없을 가능성이 크다. 교회에 왜 홍보와 광고가 필
요한가? 교회가 세상을 향하기보다 교회 간의 경쟁을 의
식한다. 교회가 싸움의 대상을 혼동하고 있다. 교회는 교
회 자체를 위해 존재하지 않는다. 교회는 교회의 주인이신
예수 그리스도를 세상에 전하고 그의 성품과 능력을 세상
에 드러내기 위해 존재한다. 교회는 예수 그리스도의 은혜
와 통치가 흘러가는 통로이자, 예수의 모습을 부족하나마
보여 주는 곳이다.

분립 개척하라 목회 철학을 공유하고 작은 교회에 대
한 신념을 가진 동역자를 양육해서 분립 개척을 하라. 가

치를 공유할 사람은 저절로 생기지 않는다. 동역을 할 수 있는 다음 세대를 준비하며 사람을 키워야 한다. 자신의 욕심을 하나님의 비전으로 포장하고 숨기는 사람을 분별해야 한다. 위기의 순간에, 더 좋은 자리가 있음에도 목회 철학을 공유하고 소신을 지키는 사람을 눈여겨보고 키워야 한다. 예수님은 하나님 나라를 시작하면서 열두 제자에게 초점을 맞추고 공생애 전체를 함께 보내며 양육했다. 니고데모나 아리마대 요셉, 신실한 여인들(눅 8:1-3)이 있었지만 제자들에게 집중하고 희노애락을 함께했다. 바울은 동역자들이 많았다. 자신의 대를 이을 디모데와 디도도 있었다. 베드로는 자신이 전한 복음을 하나의 책으로 만들어 내는 마가가 있었다.

제자훈련이 대세이다. 왜 제자훈련을 하는가? 목회철학을 공유한 일꾼을 키워서 교회를 든든히 세우고 또 성장시키는 것도 가치가 있다. 그러나 과연 제자훈련의 본질과 목적이 목회 철학을 공유한 평신도 일꾼을 세우는 것일까? 제자훈련의 목적은 교인을 만드는 것이 아니라 세상에서 하나님의 능력을 드러내어 변혁을 가져올 사람을 양육하는 것이다. 하나님 나라의 복음과 가치를 삶을 통

해 드러내고 전시하여 영향력을 끼칠 사람을 양육하는 것
이다. 제자는 한곳에 머무르는 자가 아니라 하나님 나라
를 위해 보냄을 받는 자이다. 눌러앉아서 권세와 영광을
누리고자 하는 자는 제자가 아니다. 사명이 있는 곳으로
가는 자가 제자이다. 십자가를 지고 가는 자가 제자이다.
친척 아비 집을 떠나서 지시한 곳으로 간 아브라함처럼, 형
제와 자녀와 아내와 심지어 목숨에 대한 집착까지 하지 않
고 예수의 발자취를 따라 떠나는 신자가 제자이다.

한곳에 머무르는 기질은 편안함을 추구하는 습성에
서 비롯된다. 움직이지 않고 감동만 원하는 신자는 메시지
나 예배, 찬양이 퍼포먼스가 되기를 원한다. 재미있고 극적
이기를 원한다. 그래서 이벤트나 공연이 교회 예배에 등장
하기 시작한다. 감동을 받는 것은 수동적인 태도이다. 은
혜와 영광 속에 머물기를 원하는 변화산 신드롬에 빠진
제자들의 모습이다. 제자는 세례요한이 되어야 한다. 세례
요한은 광야의 외치는 소리이다. 나사렛의 가치와 방향 감
각을 가지되, 주의 오실 길을 예비하는 선구자이다. 제자
는 세례요한과 같이 광야로 나아가야 한다. 광야는 개척
자의 장소이다. 만들어 가야 하는 곳이다. 기성품이 없는

곳이다.

개신교에 평신도는 없다. 개신교는 만민제사장 사상에 기초하여 시작한 기독교이다. 로마가톨릭교회가 사제 중심의 교회라면, 개신교는 모든 신자가 다 하나님을 섬기는 제사장이다. 교회에는 깨어 있는 제자 아니면 병든 신도가 있을 뿐이다. 제자훈련을 통해 교회에 잡아 두고 활용하기 위한 인재로 삼는 것은 가축과 같다. 제자훈련을 했으면 파송해서 움직이게 하여야 한다. 목회자의 길을 예비하는 자가 아닌 주의 길을 예비하는 세례요한이 되게 하여야 한다. 엘리야의 심령을 가지고 아합 시대에 맞장을 뜨는 선지자로 만들어야 한다.

재정을 흘려 보내라 작은 교회가 지켜야 할 재정 원칙은 다음 몇 가지이다. 첫째, 헌금은 하나님께 드린다. 억지로가 아니라 자원해서 자발적으로 드린다. 하나님께 드리는 헌금은 사람이나 교회에 드린 것이 아니다. 교회에 알리기 위해 드리는 헌금은 동기가 불순할 수 있다. 정직한 헌금을 위해 비공개를 원칙으로 한다. 목회자나 재정 위원이 누가 얼마를 드렸다고 공개하거나, 공회 앞에서 거명해서 특별히 축복하는 것은 기복 신앙이다. 복은 하나님께서 주시지 목사가 주지 않는다. 하나님은 필요한 만큼 주신다. 인위적으로 부추겨서 헌금을 거두려고 하지 않아야 한다. 그렇게 하면 하나님의 공급하심을 깨닫지 못한다.

둘째, 재정은 투명하게 관리하여야 한다. 수입과 지출에 대한 출납이 정확해야 하고, 가능한 한 증빙자료가 첨부되는 것을 원칙으로 한다. 목회자는 재정과는 거리가 멀어야 한다. 목회자는 재정을 관리하지 않는다. 재정이 필요하면 지출을 받아서 사용하고, 다만 책임을 지고 감독은 해야 하되, 간섭을 해서는 안 된다.

셋째, 교회가 빚을 지지 않아야 한다. 신약에서 죄와 빚은 서로 호환되어 사용된다. 은행이든 사람이든 업체이든 빚을 내어서 건물을 짓거나 운용을 하지 않아야 한다. 빚을 낼 상황이면 하지 말아야 한다. 교회는 생산이나 이윤을 추구하는 곳이 아니다. 이자놀음을 하는 곳이 아니다. 이자를 생각하는 것은 효율과 이윤을 염두에 둔다. 대출이나 빚을 지는 경우는 대부분 욕심을 부려서 사업을 추진하고 확장하려고 하기 때문이다. 욕심은 대가를 지불한다. 교회가 은행을 먹여 살린다는 말이 있다. 40억을 대출받은 교회는 은행 지점 한 곳을 먹여 살린다. 교회는 일

용할 양식으로 살아야 한다. 없으면 멈춰야 한다. 기도해
야 할 때는 사람이나 기관을 의지하고, 기도가 아닌 상식
과 경제 논리로 풀어 가야 할 때는 기도하는 것은 순리가
아니다. 기도는 몰상식이 아니라 상식을 초월하는 것이다.

넷째, 재정이 넘치면 흘려 보내야 한다. 자원을 교회
의 본질에 집중하여 사용하면 여분이 생긴다. 독점하거나
축적을 해서 다음 일을 도모해서는 안 된다. 그 재정은 필
요한 곳이 있기에 하나님 나라를 위해 사는 교회나 선교
단체에 흘려 보내야 한다. 어려운 일이지만 작은 규모일 때
에 시작하는 것이 쉽다. 점차 자연스럽게 공감대를 이루면
서 재정을 흘려 보내기로 결단해야 한다. 십일조는 레위인
을 위한 몫이다. 이 땅에서 레위인으로 살아가는 자들을
위해 사용되어야 함이 성경의 원칙이다. 절기의 감사헌금
은 가난한 이웃과 나그네와 외국인을 위해 사용됨이 원칙
이다. 선교나 구제는 목적대로 사용한다. 특히 절기 헌금
부터 주변의 형편이 어려운 이웃이나 교회에 흘려 보내기
시작하면 좋은 출발점이 될 것이다. 규모가 큰 교회에 100
만 원은 그리 크지 않은 액수이지만 작은 교회에 100만 원
은 큰 액수이다. 시급한 필요를 해결할 수 있다. 흘려 보내

는 교회가 늘어나면 늘어날수록 교회의 생태계는 회복되어 다시 살아날 것이다.

네트워크 목회 혼자라고 생각하면 힘들고 외롭다. 그러나 작은 교회가 여럿이 함께하면 힘이 되고 든든하다. 혼자 다 하려고 하면 부담이 되지만, 여럿이 함께 어울려서 일을 하면 부담도 덜 되고 나눔과 섬김을 통해 더 풍성한 보람을 누릴 수 있다. 경주에서 감포로 4번 국도를 타고 토함산을 넘어가면 능선이 보인다. 큰 나무는 없고 작은 나무들이 빽빽이 줄을 지어서 동해의 거친 바닷바람을 견디고 있다. 거친 바람에 휘어질지언정 부러지지는 않도록 함께 버티고 서 있다. 서로 어깨를 맞대고 있으면, 어떤 어려움도 맞설 수 있다. 작은 교회가 연대하여 세상의 가치와 맞서면 큰 교회보다 강하다.

작은 교회는 나사렛(가지) 정신으로 살아간다. 줄기에서 나온 가지와 뿌리에서 나온 싹에서 자라난 나무들이 하나둘씩 생명력을 가지고 일어서기 시작하면, 한 그루의 나무가 아닌 숲을 이루게 된다. 작은 교회는 숲을 가꾸는 운동이다. 숲이 우거지면 생태계는 살아난다. 땅이 살아나고 샛강이 살아나고 나무 아래에서 쉼을 얻을 수 있고, 열매를 먹을 수 있다. 나사렛 정신을 가진 작은 교회들이 함께 연대하여 공감하고 공유하며 공명을 일으키면, 큰 교회가 할 수 있는 일들 이상을 할 수 있다. 지역에 속한 작은 교회들이 뜻을 나누고 생각을 공유하면서 욕심을 부리지 않고 열매를 나누고 섬기면, 일치와 연합을 통해 목회의 숲을 만들 수 있다. 누가 주도권을 가지지 않고 서로 섬기면서 세워 주기로 작정한다면, 충분히 가능하다. 한 교회가 한 가지 장점을 키워 나가면서 서로 위탁된 가운데 협력 사역을 할 수 있다. 교육, 훈련, 양육, 치유와 회복, 상담, 선교, 구제, 중보기도, 예배 같은 사역을 한 교회가 다 하려면 대형화의 길로 나아가야 한다. 그러나 한 교회가 한 사역에 전념하고 사역을 공유하면 여러 사역을 할 수 있다. 내 교회를 벗어나서 우리 교회라는 의식을 가지면, 협동과 협력을 통해 동역을 할 수 있다.

　한 지역의 교회들이 건강한지 아니면 생존 경쟁으로 찌들어 있는지는 주변 교회의 사역을 보면 알 수 있다. 대부분의 교회들이 주변에 함께 있으면서도 옆 교회가 하는 일을 더 잘하고자 애를 쓴다. 벤치마킹이나 모델링을 통해 사역이나 메시지가 획일화되어 있다. 그리스도의 교회는 한 지역에서 획일이 아닌 다양성 속의 통일성을 통해 하나를 이루어야 한다(빌 2:1-2). 소인(小人)은 동이불화(同而不和)하고, 군자(君子)는 화이부동(和而不同)한다. 속이 좁은 사람은 다른 사람이 나와 똑같기를 원하지만 조화를 이루지 못하고, 속이 넓은 사람은 나와 같지 않은 사람과 조화를 이루어 많은 사람을 품는다. 가치관과 방향 설정만 일치하면, 함께 품고 동역할 수 있는 넓은 품이 작은 교회 목회자에게 필요하다. 편식을 하는 사람치고 건강한 사람은 없다.

공간을 공유하라   도시에서 가장 공간 활용도가 낮은 건물은 어디일까? 기념관이나 제실 같은 건물을 제외하면 대부분의 교회 건물이 가장 낮은 부류에 속할 것이다. 제자훈련이나 소그룹 모임 등이 있는 교회는 부속 공간을 많이 활용하는 편이지만 전체 회중이 예배를 드리는 공간과 교육 공간은 평일 내내 활용되지 않는다. 좋은 환경과 품격 높은 장비를 갖춘 공간들이 이렇게 활용되지 못하는 것은 비생산적이고 비경제적이다.

교회 공간과 장비들은 한 교회의 소유가 아니라 하나님 나라의 것이다. 그렇다면 하나님 나라 사역을 하는 선교 단체나 이웃 교회와 공유하여 공간 활용도를 높일 수 있다. 내 것이라고 고집하는 아집이 결국 함께 사용할 수 있는 공간도 각자 만들게 한다. 활용도가 적은 공간은 낭비이다. 교회 공간을 일주일 내내 걸어 잠그고 있다고 거룩한 공간이 되지 않는다. 교회 공간은 거룩하고 세상은 세속적인 공간이라는 이해는 이분법이다. 성령이 거주하시는 곳이 성전이다. 신자가 활동하고 사용해야 거룩한 공간이다. 교회 공간은 마음을 열고 아량을 베풀면, 주변 사회나 선교 단체와 공간을 나눠 쓸 수 있다. 공간은 사용하는 곳이지, 비워 두라고 마련하지 않았다.

직분을 장사하지 말라　작은 교회를 시작하면서 가장 큰 고민 중에 하나가 '직분자를 어떻게 세우는가?'이다. 직분을 신분과 지위로 여기거나, 헌신에 대한 보상으로 여기거나, 사회적 지위와 체면을 세우는 용도로 생각하는 사람은 절대 직분자로 세우지 말아야 한다. 그 사람에게 독이 된다. 부담과 책임을 분담했을 때 자기주장이 강한 사람을 만나면, 덕이 아니라 골칫거리가 된다. 장로병에 걸린 분들이 종종 있다. 장로가 되는 것이 신앙생활 최고의 경지에 이르는 것처럼 여기는 분들이다. 교회에서 직분자 선거가 있고 난 뒤엔 분위기가 뒤숭숭하다. 후배가 직분자가 되면, 선배가 있을 자리가 없다고 여겨서 다른 교회를 기웃거리는 경우도 있다. 서리집사, 권사, 안수집사, 장로, 목사가 신분과 계급으로 서열화되어 한국 교회 현실에 만연되어 있는 불편한 진실이다.

장립 집사 한 분이 풍경이 있는 교회에 오셔서 봉사도 하고 헌금도 하고 교회 환경도 개선하고 장비도 자신의 재정으로 마련했다. 얼마 되지 않아서 "장로는 안 세웁니까?" 묻고 여론을 형성했다. 함께 개척을 시작한 분들이 우리는 아직 직분자를 세울 생각을 하지 않는다고 대답했더니 다른 교회로 가셨다. 그곳으로 간 지 얼마 되지 않아서 장로가 되셨다는 이야기를 들었다. 그분은 몇 개월 후 다시 그 교회를 나와서 비교적 규모가 큰 교회로 이동했다.

직분에 대한 그릇된 인식과 이해가 교회를 병들게 만든다. 직분으로 인해 상처를 입은 신자들이 많다. 직분으로 인해 자신에게 굴레를 씌운 신자들이 많다. 교인을 정착시키는 방편 중의 하나가 직분 바겐세일이다. 교회에는 성직이 없다. 목회자도 성직이 아니다. 머슴이 무슨 성직인가? 예수 그리스도가 대제사장이고 모든 신자는 그 권위 아래 섬기는 제사장이다. 개혁교회의 핵심 교리는 만민 제사장설이다. 믿는 자는 누구의 중재나 인도가 없이도 예수 그리스도를 통해 하나님 앞에 나아갈 수 있다. 성직은 구약의 직제이고 로마가톨릭교회가 견지하는 교리이다. 개신교는 다 하나님의 보좌 앞에서 섬기는 종들이다. 머슴에게 무슨 직분이 있는가? 책임과 의무를 다하는 역할이 있을 뿐이다.

직분을 성직으로 여기는 그릇된 인식으로 말미암아 교회의 본질이 왜곡된다. 직분에 권위와 권세가 부여되기 때문이다. 권위는 교회가 직분에 명예와 존귀를 부여하여 신분적으로 보증하고 인정하는 것이고, 권세는 사람을 움직이고 재물을 사용할 수 있는 공인된 능력이다. 그러나 진정한 권위는 하나님으로부터 오는 위엄이고, 권세는 하나님의 뜻을 행하기 위한 영향력이다. 그릇된 직분관은 결국 교회에서 권세를 부리는 능력으로 직결되고 권력이 된다. 권력은 누가 어떻게 행사하느냐에 따라 파급효과가 있다. 교회 안에서 누가 주인 노릇할 것인가, 누구에게 기득권이 있느냐를 두고 갈등을 빚는다. 교회는 가족이라는 본질을 벗어나면 조직이 된다. 조직은 직분과 서열이 필요하다. 그러나 유기적인 공동체는 꼭 직분이 있을 필요는 없다. 필요하다면 성령의 기름 부으심이 있는 분을 세워서 헌신과 위탁을 통해 섬기도록 한다. 그러나 할 수 있는 능력이나 한계를 지나면 내려놓아야 한다. 일정 기간에 따라서 공동체 내부에서 다시 추대를 받거나 재신임을 받아야 한다. 영구직으로 여기는 성직 제도가 아닌 교회 공동체를 섬기는 직분은 일정하게 판단과 신임을 받아야 한다. 그리고 성경이 정하지 않는 직분은 세우지 않아야 한다. 장로와 목사는 영구 직책이 아니다. 임기가 끝나면 일반 신자로 돌아가야 한다. 원로나 은퇴, 서리 직분은 성경적이지 않다.

주일학교　　작은 교회의 아킬레스건은 주일학교이다. 작은 교회에 오는 분들 중에, 주일학교에 대해서 실망하는 분들이 많다. 규모가 있는 교회는 주일학교가 영아부에서 장년부까지 세분화되어 있고, 교육 시설이나 시스템이 잘 갖춰져 있다. 대개 부모들은 교육 환경이 좋은 교회를 선호한다. 자녀 교육의 측면에서 작은 교회는 약점이 있다고 볼 수 있다. 그러나 약점은 곧 장점이 되고, 장점은 곧 약점이 될 수 있다. 아이들이 인간 친화적인 환경 속에서 인격적인 접촉을 통해 양육을 받고 있는지 분별해야 한다. 사육이 아닌 양육을 하고자 하는 작은 교회 신앙교육은 몇 가지 원리가 있다.

첫째, 세대 통합 교육이다. 풍경이 있는 교회는 예배를 시작하면 함께 찬양을 하고 신앙고백과 교독문, 회중 기도 이후에 주일학교 설교를 한다. 설교가 끝나면 아이들은 부속 공간으로 가서 설교 내용을 바탕으로 주일학교를 연다. 나머지 시간은 중고등부 이상이 함께 메시지를 듣고, 온 식구가 함께 앉아서 식탁 교제를 한다. 유대교의 회당 예배는 전 세대가 함께 드린다. 유대인의 교육은 열정이나 방식이나 특별하다. 가정과 회당과 공동체에서 신앙교육을 하지만, 부모가 자녀를 어떻게 가르치느냐가 유대인 교육의 기초이다.

왜 세대 통합 교육을 하는가? 자녀들이 무엇을 배우는지 부모와 공유를 해야 공감대를 이룬다. 신앙 교육이 교회에서 끝나지 않고 가정까지 연결이 된다. 부모가 아이들에게 물어볼 수 있고, 아이들이 부모에게 물어볼 수 있다. 함께 대화할 수 있는 신앙 주제가 생긴다. 신앙 교육은 교회가 아닌 가정에서 이뤄져야 진짜 교육이 된다. 부모 세대와 아이 세대가 공유하지 않는 신앙 교육은 뿌리가 없는 교육이다. 신앙 교육은 부모 세대의 삶을 통해 아이들에게 전인적으로 전달된다. 주일학교 교육 담당자가 좋은 콘텐츠를 가지고 최신 영상 자료를 동원하여 가르쳐도 부모와는 다르다. 부모의 한 마디는 마음에 새겨지지만 교사의 가르침은 대부분 머리에 머문다. 부모의 신앙은 직접 보고 들으며 삶을 통해 증명이 되는 산 신앙이다. 주의 길을 준비하는 자는 아비의 마음을 자녀에게로, 자녀의 마음을 아비에게로 돌이키게 한다. 아비 세대와 자녀 세대의 단절은 신앙적 비극을 가져온다. 서로 소통하고 공유하며 공감을 할 수 있어야 하나님 나라는 세대를 거쳐 신앙의 유산을 남기고 계승하여 발전된다.

둘째, 대면 교육이다. 적은 수의 아이들을 대상으로, 질문과 대화와 토론으로 하는 교육이다. 주입식 교육, 최신 영상 장비를 통한 시청각 교육이 아니라, 인격적 대화와 토론을 통한 교육이다. 유대인 회당에는 하브루타 교육이 있다. "아이들은 말하고 싶다. 아이들은 생각하고 싶다. 아이들은 스스로 하고 싶다"가 하브루타 교육의 표어이다. 질문을 통해 대화와 토론과 논쟁을 하면서 신앙적 주제를 탐구하고 습득한다. 얼굴과 얼굴을 마주하지 않는 교육은 인격적이지 않다. 주입식 교육은 아이들의 생각과 가능성 계발이 아니라 기성세대의 생각이 주입된다. 교육은 연역도 아니고 귀납도 아니다. 시행착오를 통해 '찾아서 발견하는' 것이다. 이러한 교육은 소수의 학생들이 서로 대화하며 토론하고 논쟁하고, 스스로 찾아 할 수 있는 기회를 부여할 때에 가능하다.

아비 세대는 인격적 대면과 접촉을 통해 자녀 세대를 축복하고 격려하며, 일종의 멘토 또는 롤 모델로 본보기를 보여 줄 수 있다. 자주 접촉하고, 이름을 알고, 가정 형편이나 성격이 드러나는 환경 속에서 신앙의 유산은 자연스럽게 계승된다. 아비 세대의 기도와 봉사와 열정을 자녀 세대가 여과 없이 볼 수 있기에, 인격과 심령에 진리가 강하게 각인될 가능성이 높다.

셋째, 엘리트 교육이나 특공대 교육을 하지 않는다. 경쟁 속에 자라는 아이들은 어려서부터 승자와 패자를 만드는 환경에 익숙하다. 경쟁을 통해 승자가 인정을 받고, 성취를 이룬 자가 존중되는 교육은 세상 방식이다. 성경 암송이나 성경 고사 등을 통해 점수와 등수를 매기는 것은 세상 교육의 가치관을 따르는 것이다. 찬양 경연 대회 같은 서바이벌 대회도 마찬가지다. 달란트 제도를 통해 신앙 교육에 보상을 해주면 바리새인을 만들어 가게 된다. 세상과 마찬가지로 교회에서도 명문 대학에 입학하거나 국가고시에 합격한, 혹은 연예계에 진출한 아이들에게 이목 집중이 된다. 이는 생존 경쟁에서 승리하는 자가 인정을 받는 엘리트 교육의 철학이다.

　　작은 교회는 엘리트 교육이 아닌 일상과 보통과 보편을 중요하게 생각한다. 특출한 엘리트 한 명보다 모든 아이들이 서로 협력해서 과업을 성취하고, 문제를 풀어 가고, 상호 책임을 지는 신앙 인격 교육이 우선이다. 등수나 점수를 매길 이유도 없다. 승자와 패자를 만드는 규칙을 만들지 않는다. 한 명보다는 느리더라도 모두가 천천히 갈 수 있는 교육을 한다. 신앙 교육은 재주와 재능과 능력이 아닌 신앙 인격을 키우는 교육이다. 아이들의 인격이 하나님의 형상을 회복하여, 하나님 나라 가치를 추구하며, 인생의 주이신 하나님께 방향을 설정하고 살도록 양육하는 것이다. 이러한 운영 원리들은 이론이나 공상이 아니라 실제 목회를 통해 시행해 보았던 결과들이다. 성공적인 열매만

거두었다고 할 수는 없지만 지금까지는 이들 원리들이 성
공적으로 적용되고 있다.

닭장 밖을 나온

4장

사람들 어제

교회의 머리는 예수 그리스도이다. 예수는 하나님 나라 복음을 당시 로마 제국의 가장 주변부였던 팔레스타인 갈릴리의 나사렛에서 시작했다. 서른 가구도 채 되지 않은 작은 고을이다. 예수는 활동의 범위를 넓히면서도 대중들을 대면하면서도 열두 제자에게 사역과 훈련을 집중하셨다. 예수가 가르치신 하나님 나라의 가치는 '작은 것'에 있었다. "적은 무리여 무서워 말라 너희 아버지께서 그 나라를 너희에게 주시기를 기뻐하시느니라"(눅 12:32). '작은 것'은 '어린아이', 사회경제적으로는 '가난한 자', 종교적으로는 기존 유대교에서 소외된 '죄인'과 '세리'로 대변되었다.

예수는 이 땅에서 어떤 집도 소유하지 않으셨다. 교회도 짓지 않았다. 자신을 따르고자 하는 자들에게 "여우도 굴이 있고 공중의 새도 집이 있으되 인자는 머리 둘 곳이 없도다"(눅 9:58) 하셨다. '여우'는 헤롯을 가리킨다(눅 13:32). 헤롯은 거대 프로젝트로 왕궁과 별장과 요새들을 지었다. 권력은 철옹성에서 비롯된다고 생각했다. '공중의 새'는 로마 제국을 상징한다. 로마도 웅장한 건축물을 자랑한다. 왕궁과 관저와 요새는 로마 권력을 상징하였다. 예수는 그렇지 않았다. 머리 둘 곳도 없었다.

나사렛 예수는 1세기 팔레스타인의 시공간 속에 오셔서 그 시대의 역사와 문화의 틀 속에 자신을 제한하셨다. 그리고 하나님과 세상을 이어 주는 다리로서 교회가 무엇을 해야 하는가를 친히 보여 주셨다. 예수는 당시 그레코로만 세계에서 주변부의 주변부에 사셨고 활동을 시작하셨다. 소외받고 배제당하는 자들, 죄인과 병자, 가난한 자와 세리와 어울리셨고, 결국 범죄자와 동일한 신분으로 십자가에서 죽으셨다. 십자가에 죽으신 후 그루터기와 같은 120명에게 성령을 부으시고 그들로 하여금 가지와 싹이 되게 하셨다. 예수는 어떤 건물도 기념비도 책도 남기지 않으셨다. 한 알의 씨가 땅에 묻혀 죽어야 생명이 돋아나고 열매를 맺는다.

사도행전과 바울 서신에 나타나는 신약의 교회는 가정 교회이다. 오순절 이후 성전에 모였다가 그 후에는 각 가정으로 흩어져서 모였다. 마가 요한의 집(행 12:12)에서 사도들이 모였고, 베드로와 바울의 사역도 가정 중심이었다. 바울이 세운 비교적 큰 공동체가 고린도 교회인데, 인원이 50~100명 안팎이다. 로마 교회도 상당수 있었지만 각기 가정 교회로 흩어져서 모였다. 유두고 이야기가 기록된 드로아 교회(행 20:7-12)는 항구 노동자들이 모였던 가난한 셋집 교회였다. 고넬료, 빌립보의 염색 사업자 루디아, 글로벌 군수 사업자 브리스길라와 아굴라가 부유한 편이었는데 골로새의 아킵보와 같이 그들의 집이 예배 공간으로 활용되었다. 바울은 집에서 가르치기 곤란할 때에는 두란노 같은 공공건물을 임대하기도 하였다.

신약성경 어디에도 교회 건축 시도나 지침, 지시는 없다. 신약 교회는 건축을 시도하지 않았다. 가정과 일터에서 모이고 흩어졌다. 주후 314년 로마 콘스탄티누스 대제의 밀라노 칙령이 포고되기 이전에 신약 교회와 초대 기독교 교회는 집에서 가족처럼 모였다. 그 이유를 몇 가지 생각해 볼 수 있다. 경제적으로 여유가 없기 때문에 그럴 수도 있지만 부유한 후견인이 있는 지역에서도 교회 건물을 소유한 증거는 없다. 기독교가 합법적인 종교로 인정을 받지 못하여서 그럴 수 있지만, 당시 로마 제국이 공인하지 않던 미트라교 같은 신비 종교들도 자기 건물을 가지고 있었다. 그레코로만 사회에 흩어진 가정 교회들은 당시 종교 집단들보다는 오히려 '자발적 결사체' 성격을 띠고 있다. 같은 부류의 직업이나 학문을 가진 자 또는 동호회 성

격을 가진 자들이 자발적으로 단체를 이루어서 같은 목적
과 비전을 이루고자 하는 공동체이다. 이러한 공동체는 초
대 교회가 형성되던 지중해 사회에 다양하게 발전되고 있
었다. 신약 교회가 가정에서 모인 이유는 나사렛 예수의
가르침과 삶을 나누고 실현하기 위해서 가정과 가족이라
는 물리적 환경이 가장 적합했기 때문이다. 필요하다면 큰
건물이나 공공장소에 모였지만 대부분은 작은 단위로 가
정이나 일터에서 모였다. 작은 단위의 자발적 결사체로 모
인 모임에서 예수의 복음과 교훈들은 가장 잘 실현될 수
있다.

　'작은 것이 아름답다'라는 말을 앞에서 언급했다. 이
책은 슈마허의 경제 소논문들을 모아서 1973년에 출간한
것인데, 전 세계 에너지 위기와 글로벌 시대에 많은 독자에
게 설득력을 얻었고, 1995년 시사주간지 〈타임〉 선정 2차
대전 이후 가장 영향력이 있는 100권의 책에 선정되었다.

　　슈마허는 '크면 클수록 더 좋지 않은가'의 패러다임
추구에 반기를 들고 '작은 것이 아름답다'라고 주창한다.
적정 수준의 기술과 지속 가능성, 충분이 이 책의 핵심이
다. 슈마허는 현대 경제는 과연 지속가능한지 근원적 질문

을 던졌고, 인간과 환경에 우선적인 가치를 두는 적정 기술과 지속 가능한 크기의 산업과 기술과 생산을 통해 인간의 존엄성을 살리는 '충분과 균형' 경제를 주창하였다. 주류 현대 경제학자들과 함께 일하면서도, 근원적인 질문을 던지며 '사고의 대전환'을 이끌어 낸 창조적인 인물이다.

슈마허의 반성과 성찰은 한국 교회에 시사하는 바가 많다. 효율을 높이기 위해 목회자도 대량생산, 신자도 대량생산, 전도도 대량생산, 제자훈련도 대량생산 체제를 가동한다. 기업 경영과 마케팅 기술이 목회 현장에 들어온 지 오래되었고 당연시된다. 경영, 전략, 성공, 구조조정, 리모델링, 벤치마킹 같은 용어가 목회 현장에 여과 없이 사용되고 있다. 목회자의 설교와 교육 콘텐츠는 상품이 되어 교인들은 구매자로, 교회 시설은 서비스 환경으로 탈바꿈하고 있다.

그 결과는 무엇인가? 교회에 시장 원리가 적용된다. "내가 그리스도의 이름을 부르는 곳에는 복음을 전하지 않기를 힘썼노니 이는 남의 터 위에 건축하지 아니하려 함이라"(롬 15:20)라고 선언한 바울의 목회 정신은 폐기 처분된 지 오래되었다. 약육강식과 적자생존, 자연도태 원리가 작동되고 있다. 수평 이동을 조장하는 프로그램과 이벤트가 목회 윤리적 반성 없이 시행되고, 구매자를 끌어당기는 행사들을 '잔치'의 명목으로 벌이고 있다. 성장 동력으로 채워야 할 인적 자원은 결국 수평 이동으로만 채워질 뿐이다.

　　결국 수평 이동은 무엇인가? 시장 원리이다. 구매자의 입맛에 맞추어 상품의 질이 결정되는 원리이다. 결정권이 구매자에게 있다. 듣기 좋은 메시지, 좋은 분위기, 편한 시설, 효과적인 교육 환경, 소속에 대한 자부심, 사회적 네트워크의 가능성, 신분과 지위 상승 기반 요소가 교회 선택에 작용한다. 수평 이동의 결과는 경쟁과 편중이다. 교회의 경쟁 상대가 교회가 되었다. 교회끼리의 경쟁은 생존이 위태롭다는 의미이다. 생존경쟁을 통해 결국 강자만이 살아남는다. 교역자들은 조직의 효과적 운영을 위해 생산적인 결과를 도출하여야 한다. 실적이 없으면 도태된다. 대형 교회는 서비스 산업의 품질 개선 교육을 받고, 은행과 항공사 같은 탁월한 서비스 산업을 베낀다. 결국 교회는 몸집 불리기와 기존 고객을 유지하려는 서비스 산업의 모습을 닮아 간다. 서비스의 내용이 다를 뿐이지 그 형태는

같다.

경영 기법으로 운영되는 목회에 '인간의 존엄성'이 설 자리가 있는가? 예배와 기도와 찬양과 전도와 훈련, 선교가 마케팅 도구로 변질되지 않았는가? 교회는 지배 권력과 손을 잡고 스포츠나 연예계 스타에게 눈길을 돌린다. 재력가나 성공한 인물에 집중한다. 이러한 환경 속에 가난하고 소외받고 연약한 자들과 난민과 이주민들이 설 자리는 없다. 인간의 존엄성보다는 성장을 위한 시장의 형성을 더 중시하기 때문이다.

사람이 건물을 만들지만, 건물은 사람을 만든다. 큰 건물은 사용하는 인간을 소외시키고 차별한다. 바벨탑 문화에 영향을 받은 이방 신전들은 대부분 기념비적인 건물이었다. 예수 당시 예루살렘 성전은 헤롯 가문이 43년째 고쳐 짓는 중이었다. 솔로몬 성전 때보다 거의 3배 이상으로 확대된 크기였다. '헤롯이 메시아'라는 헤롯당의 통치 이데올로기를 확립하려고 당시 로마 신전들보다 더 웅장하게 재건축을 한 것이다. 스데반은 이 성전을 "손으로 지은 곳"이라고 하였는데(행 7:48), 이 단어는 바울이 아테네의 신전들에 동일하게 적용한 용어(행 17:24)이다. 헤롯 성전은 아테네의 이방 신전과 다를 바 없다는 판단이다.

한국 교회의 초기 건물들은 초가집 같은 평민의 집이 었다. 이때 기독교는 가족과 같았다. 하지만 교회 건축 양식이 근대식으로 변하면서 교회 내 위계질서는 강화되었다. 80년대 이후 대형 교회 건물이 등장하면서 주변 사회와의 조화는 깨지고, 인적 자원은 더 집중되고, 교인들 내에 위계질서가 직분과 부서에 따라 세분화되고 단절되어 소통이 이뤄지지 않게 되었다.

교회의 건축 구조에 따라 몇 가지 결론을 다음과 같이 내릴 수 있다. 1) 교회 행정 구조. 성전은 직분과 부서에 따른 위계질서적 권위 구조를 이루고, 가정은 직분과 부서 간 소통을 이루는 권위 구조를 나타낸다. 2) 공동체의 성격. 성전은 외부와 내부 모두에 배타적인 성격이 강하고, 가정은 안팎으로 품는 내포적인 성격을 띤다. 3) 건축 공간 활용. 성전은 분절되고 세분화되어 있는 반면, 가정은 활용도에 따라 같은 공간을 다양하게 사용한다. 4) 건물의 규모. 성전은 기념비적인 모습을 나타내는 반면, 가정은 인간 친화적이다. 5) 성속의 구분. 성전은 이분법을 강하게 나타내는 반면, 가정은 경계가 느슨하여 균형을 이루고 있다. 6) 사용자의 사회적 상호 교류. 성전은 한곳으로 집중시키는 구심력을 발휘하는 반면, 가정은 사회로 나가 도록 하는 원심력을 나타낸다. 7) 건축의 상징. 성전은 성 소, 하나님의 집이라는 성향을 드러내는 반면, 가정은 가 족을 나타낸다. 8) 경제적 관계. 성전은 분배 또는 주고받 기의 동등한 입장에서 교류를 하는 반면, 가정은 손 대접 과 베푸는 형식이다. 9) 사회 구성원 구별 방식. 성전은 종 교적 신분과 지위에 따른 정결법이 작동되는 반면, 가정은 친족 집단에서 드러나는 친화 소통 구조이다. 10) 사회적 의식. 성전은 예배 형태에 초점을 맞추는 반면, 가정은 식 탁 교제가 중심이다. 11) 공간에 대한 사회적 논리. 성전은 구성원 간 교회 정치적인 복합성을 강하게 나타내고 특정 지위의 우월을 인정하여 조직적·기계적 연대를 이루는 반 면, 가정은 사회정치적 복합성이 약하게 나타나고, 공간을 서로 분배하여 유기적 연대를 이룬다. 12) 종교의 사회적 기능. 성전은 사회적 통합과 사회적 통제를 우선시하는 반 면, 가정은 사회 변혁과 치유와 회복의 기능을 한다.

　　호주의 사회학자 폴 제임스는 문화적 다양성을 연구 하는 사회 이론가이다. 그는 사회적 교류가 이뤄지는 권위 양식에 따라 네 가지 형태의 공동체를 구분한다. 첫째는 가족과 같은 '대면 공동체'(face-to-face community)이다. 가장의 보호 아래 얼굴과 얼굴을 마주 대하여 교류하며 권위의 행사가 직접적인 접촉을 통해 이뤄진다. 둘째는 호혜와 후의에 의존하는 '후견인 공동체'(face-to-grace community)이다. 전형적인 지중해 사회의 교류 형태로, 후견인-예속인 관계 속에 중개인을 통해 권위가 행사된다. 셋째는 '위계질서적 공동체'(face-to-mace community)이다. 중세 유럽 같은 봉건 체제로서 교황의 권위와 사제, 봉건 영주와 기사의 관계 속에서 권위가 행사된다. 넷째는 '선출직 공동체'(face-to-space community)이다. 민주 사회에서 선출된 공직자를 통해 교류가 이뤄지는 공동체이다.

  사회 인류학의 관점에서 신약을 연구하는 브루스 말리나는 폴 제임스의 논지를 바탕으로 이들 '대면 공동체'의 특성을 정리했다. 대면 공동체는 가부장의 권위 아래 가족들이 되돌려 받을 기대를 하지 않고 아낌없이 베푸는 상호 호혜의 원칙으로 직접 대면하여 교류를 한다. 누구의 중재 없이 권위자와 직접 접촉하며 한곳에 정착하거나 유랑 생활을 영위한다. 다른 이를 친족 또는 마을 사람으로 여기며, 대표자나 제도적 구조를 매개하지 않고 권위자와의 공존으로 결속한다. 상호 교류는 지속적이며 상호 호혜를 바탕으로 상대를 명확히 확인하며 이뤄진다. 생활 공간은 경계선이 뚜렷하지 않고 공동 경계선 안에서 친족 집단이 권위자를 구심점으로 공유한다. 구사하는 언어는 어떤 해독이나 번역이 필요 없고 직접적이며 꾸밈없고 힘이 있다. 의사소통은 직접 대면하여 말로 주고받는다. 프린스턴의 역사학자 피터 브라운은 대면 공동체가 후기 고대 종교사의 기본 단위라고 한다.

작은 교회는 가족 공동체이다. 유력한 후견인을 의존하지 않으며, 권위주의적 인물의 지도나 위계를 갖춘 조직, 질서가 필요하지 않다. 지도자를 선출하여 관료적으로 공동체를 이룰 필요가 없다. 한 사람의 '영적 아비'가 공동체의 지도자로 있으면 된다. 모든 교류와 소통은 직접적이고 필요할 때마다 이뤄진다. 공식적인 회의와 결의를 할 필요가 없다. 진실된 대화와 소통으로 진의를 파악하고 실행하며, 친밀한 말로 실행하는 힘을 가진다. 대면 공동체에 중요한 것은 가족과의 공존이다.

대면 공동체는 이름과 성품과 기질과 재능과 장단점,

상처를 알고 서로 용납한다. 함께 어울려 직면하면서 더 깊이 알아 가고 더 깊이 결속되어 가슴과 감정에 깊이 새기게 된다. 따라서 한 사람이 소중하다. 없으면 궁금하고 허전하다. 한계 이상의 기대도 하지 않고, 한계 이하로 무시하지도 않는다. 어린아이이든 어른이든 누구든지 말할 수 있다. 인사치레나 허례허식도 필요 없다. 있는 그대로 받아들이고 소통한다. 가족으로서 서로에 대한 무한 책임을 진다. 가족이기에 정책이나 전략이 필요가 없다. 자연스럽게 뜻을 정하고 나아간다. 무리할 필요가 없다. 할 수 있는 만큼만 하면 된다. 배려하되, 되돌려 받을 생각을 하지 않고 베풀어 준다. 함께하는 시간이 역사가 된다. 가족 공동체는 이익 공동체가 아니다. 목적 성취를 위해 효율이나 이익을 창출하려고 하지 않는다. 일용할 양식이 있으면 공동체는 생존한다. 과욕은 금방 표시가 난다. 무리한 요구는 무례가 된다. 자제하고 상호 존중하며 공존한다. 그것이 바로 가족이다.

　작은 교회는 가족의 크기를 넘어서 조직으로 전환되지 않는 교회이다. 우리나라는 대가족 제도를 영위했다. 신약성경이 쓰인 지중해 사회에는 확대된 친족 개념이 있다. 가부장의 권위 아래 있는 모든 사람이 다 가족이다. 혈족과 친척, 친구와 종까지 다 포함된다. 바울서신에 아내와 남편, 자녀와 부모뿐 아니라 종과 상전의 규례(엡 5:22-6:9; 골 3:18-22)를 기록한 이유는 한 가정 교회의 구성원이기 때문이다. 작은 교회는 얼굴과 얼굴을 대면하는 공동체이다. 서로 얼굴과 이름을 알고, 대화를 나눌 수 있는 공동체이다. 다 함께 식사를 할 수 있어야 가족이다. 인사를 했는데 "누구더라?", "보긴 봤는데"라는 말이 나오지 않는다. 한 하나님을 한 공간에서 예배하고 세례와 성찬을 함께할 수 있는 공동체이다.

그렇다면 사회적 다양성이 인정되는 사회의 작은 교회는 다른 교회와의 관계에서 어떻게 집단 정체성을 형성, 발전시켜 나갈 것인가? 규모가 작으면 '수평 이동'으로 인한 먹이사슬의 희생자가 될 가능성이 많다. 이러한 문제를 다룬 '사회적 정체성 이론'은 영국 브리스톨 대학교의 사회심리학자 헨리 타지펠과 존 터너에 의해 개발되어 인종, 종교 분쟁에 적용되기도 하고, 서비스 산업에도 응용되고 있다. 이제 이 이론을 작은 교회에 적용해 보자.

먼저 다른 종교와 다른 교파, 다른 교회와 공존할 때

긍정적으로 평가를 받는 독특성이 필요하다. 교인들은 교회를 선택하고 등록할 때에 한 집단(작은 교회 A)이나 다른 집단(큰 교회 B)에 소속되었다고 분류를 한다. 그러면 자연스럽게 다른 교회와 자신이 속한 교회를 사회적 차원에서 비교하게 되고, 자기 교인들끼리는 서로 아끼는 반면 다른 교인들은 차별 대우하는 사회적 행동을 보인다. 이 단계에서 '우리'와 '너희', '그들'이라는 구분이 생긴다. 이 과정에서 교회 내부에서 일어나는 사회적 갈등과 더불어 자신들이 속한 교회에 대한 평가와 인식을 변화시키려는 사회적 변화의 과정이 뒤따른다.

한 교회에 대한 소속감은 세 가지 차원이 있다. 첫째, 인지적 차원. 한 교회에의 소속감에 대한 단순한 인식이다. 둘째, 가치 평가의 차원. 소속감이 함축하고 있는 긍정적 혹은 부정적 의미이다. 셋째, 감정적 차원. 교인들이 교회 내부와 외부에 있는 자들을 향하여 가지는 태도이다. 그리고 공동체는 다음 세 가지 공동체적 감정을 가지게 된다. 첫째, 우리의식. 한 교회의 구성원이 다른 이들과 하나됨 속에서 공감대를 가지는 감정이다. 둘째, 역할감정. 각자 교회에서 의미 있는 역할을 담당한다는 주체의식이다.

셋째, 의존감정. 소속된 교회에 진정한 신뢰성을 드러낸다는 점에서 공동체 의식이다.

인지적 차원에 크게 공헌하면서도 평가적·감정적 차원 고양에 큰 역할을 하는 요인은 미래를 향한 독특한 방향 정립이다. 의도적 작은 교회로 존재하려면 긍정적 사회 정체성을 제공하여야 한다. 이를 위해서는 견고한 교회 규범과 이데올로기, 명확한 가치 설정이 우선이다.

집단 규범(group norms). 집단 규범은 한 집단으로서 교회가 주변 사회나 다른 종교 집단과 다르게 지키고 천명하는 가치 판단 기준과 행동 지침이다. 이 규범은 교인들에게 용납할 만한, 용납할 수 없는 행동 방식을 규정한다. 술, 담배 금지와 주일 성수 등은 일종의 규범으로서 다른 종교 집단과 차이를 나타내고 사회적 정체성을 유지·향상시키는 역할을 한다. 성경과 교리, 전통과 관습은 일종의 사회적 규범이다. 작은 교회는 이러한 규범 범위 내에서 큰 교회가 가지지 못하는 독특한 규범이 필요하다. 성경과 교리는 보편적이고 변개할 수 없는 규범이라 해도, 전통과 관습은 창의적으로 재해석할 수 있다. 직분과 예전, 헌금과 교회의 규모 등에서는 창의성이 필요하다.

집단 이데올로기(group ideologies). 의도적 작은 교회는 무엇을 목적으로 삼고 나아가는가? 어떤 것을 가장 가치 있게 여기는가? 한 교회의 존재 이유 판단에 결정적 영향을 미치는 요소는 무엇인가? 교회는 숫자, 헌금, 건물 같은 외형적 요소를 자랑하고 여기에 자존심을 느끼고 있는가 아니면 영적 성숙, 제자훈련, 기도, 말씀 공부, 지역 사회에의 공헌과 변화 등을 자랑하고 있는가? 한 집단의 구성원인 교인들로 하여금 나아가야 할 방향 설정이 필요하다. 무한 경쟁의 게임 속에 사는 사회적 약자가 먹이가 되지 않으려면 분명한 가치관과 방향 설정이 필요하다.

집단 비교 과정은 한 집단의 지위가 다른 집단에 비하여 낮다는 인식에서부터 시작된다. 이 인식은 규모, 힘, 자원에의 접근 또는 명성 등의 요소들로 구성되어 있다. 만일 비교할 때에 만족스럽지 못하다고 판단이 되면 두 가지 가능성이 가능하다. 하나는 자신이 속한 집단에서의 소규모 혹은 대규모 이탈이다. 이는 사회적 이동이다. 다른 하나는 자신들의 지위와 신분 개선의 시도이다. 이러한 움직임은 사회적 변화이다.

먼저 사회적 이동 현상이다. 사회적 이동 현상은 민주

주의 사회에서 흔히 볼 수 있다. 통신사나 보험사의 판매 전략으로 인한 고객 이동, 카카오톡 망명, 정치적 망명, 정당 지지율의 변화 등이다. 교회는 어떠한가? 천주교와 달리 개신교는 교인이 교회를 선택할 수 있는 권리가 있다. 설교, 시설과 환경, 프로그램, 연고 관계 등 다양한 이유로 교인들은 이동한다. 내부 분란, 지도자 스캔들 등이 있으면 집단으로도 이동한다. 작은 교회는 이러한 사회적 이동에 취약하다. 하지만 가치관과 방향 설정이 확고하고, 사회적 정체성이 견고하고 창의적이라면 수혜자가 될 수도 있다. 낮은 곳에서 높은 곳, 불편한 곳에서 편한 곳, 나쁜 곳에서 좋은 곳으로 올라가고자 하는 것은 인간의 본성이다. 그러나 이러한 현상을 반전시킬 수 있는 창의적 의식, 사회적 정체성이 있다면 다르다.

이에 반해 사회적 변화는 한 집단에서 다른 집단으로 이동하기가 불가능하거나 어려울 경우이다. 작은 교회의 담임 목사가 다른 교회로 갈 수는 없다. 핵심 멤버 역시 다른 교회로 이동하는 것은 쉬운 일이 아니다. 핵심 멤버와 연고가 있는 교인도 옮기기가 쉽지 않다. 무엇보다 하나님 나라의 가치를 가지고 있는 교인은 큰 곳, 좋은 곳, 편한 곳, 쉬운 곳으로 옮기지 않으려 한다. 가치와 의식이 분명한 교인은 작은 교회에 대한 애착과 열정이 있다. 이러한 의식을 가진 작은 교회 교인들은 어떻게 행동할까? 다른 교회와 비교하여 창의적으로 사회 정체성을 향상시키는 방법을 선택하게 된다. 여기에는 다른 시각으로 볼 수 있는 '인식 대안'이 필요하다.

　　먼저는 사회적 창의성 선택이다. 작은 교회가 외형적 차원에서의 비교를 통해 인식을 변화시키기는 불가능하다. 그러나 비교 상황을 재정의하거나 비교 요소를 변경해서 사회 정체성을 향상시키는 전략이 있다. '작다'는 점이 장점이라는 인식의 전환이다. 작은 교회는 큰 교회가 가지지 못하는 장점이 있다. 유기적으로 소통하며, 은사에 따라 일을 하면서 정서적인 보호와 지지를 받는다. 서로 소통하면서 쌍방향으로 대응하며 인격적 교육을 할 수 있는 주일학교가 그러하다.

　　약점으로 평가되었던 면을 장점으로 인식하고서 기존의 가치를 재정의할 수도 있다. 직분이 아닌 은사에 따라 가족 공동체로서 신앙생활을 할 수 있다. 유명한 설교자의 설교가 아니라, 자신을 인격적으로 잘 아는 설교자의 설교가 더 좋다. 형식과 전통에 매이지 않는 친근한 예배와 교제 문화를 만들 수도 있다. 카풀을 하며 교회를 오갈 수 있고, 외부에서도 예배를 드릴 수 있다는 것은 장점이다.

그다음은 사회적 경쟁이다. 열등하게 취급을 받던 요소나 신분 또는 지위를 새롭게 인식하도록 사회적 대결을 시키는 것이다. 큰 교회의 장점이 영향력이라면 작은 교회도 얼마든지 영향력을 끼칠 수 있다. 영향력을 확대할 수 있는 방법은 네트워크 사역이다. 큰 교회는 유기적으로 연합을 하기가 어렵다. 하지만 작은 교회들은 열린 마음만 공유하면 수련회나 집회, 선교와 구제를 함께할 수 있고 프로그램을 공유할 수 있다. 인식 전환에 따라서 재정이나 인적 교류까지도 가능하다. 마인드를 공유하는 목회자와 더불어 분립 개척을 하면 두 개의 교회가 된다. 두 교회가 협력하여 분립 개척을 하면 네 개의 교회가 되며 기하급수적으로 작은 교회의 네트워크를 이룰 수 있다. 이러한 과정을 통해 네트워크가 형성된 작은 교회들은 연합과 일치가 가능하다. 이렇게 연합된 교회들은 큰 교회보다 더 큰 영향력을 발휘할 수 있다.

정보의 홍수 속에 살고 있는 우리는 수많은 정보를 단순화시키고 조직화하는 경향이 있는데 이를 '판박이'(stereotyping)라고 한다. 무엇인가를 분류하는 것은 당연한 인식 활동이지만, 판박이는 분류하되 가치 판단을 하고 다른 사람에게 영향을 주려는 의도가 있다. 사회 정체성 이론에서 판박이는 몇 개 영역으로 요약된다. 하나. 다소 다듬어지지 않은 성질에 기초하여 거대한 인간 집단을 특징지으려 한다. 둘. 이러한 판박이는 상당히 변하기 힘들다. 셋. 판박이는 상당히 젊은 시기에 습득된다. 넷. 판박이는 집단 간 긴장 관계가 상승될 때 더 명확해지고 적대적이다. 다섯. 사회적 갈등의 맥락에서 발표되었을 때 판박이는 해롭다. 여섯. 판박이는 평가와 관계가 깊고, 내집단에는 긍정적인 평가를, 외집단에는 부정적인 평가를 하는 경향이 있다. 판박이는 은어나 속어로 표현되는 경우가 많다. 지역감정이나 이데올로기적 대항이 있을 때는 더욱 기승을 부린다. 특히 젊을 때에 습득되거나 오랜 역사를 가지고 전수되면 고치기 어려운 특성을 가진다.

'작은 교회', '큰 교회' 자체가 판박이이다. '우리' 교회, '우리' 목사라는 말이 그러하다. 교회는 한 교회이다. 예수 그리스도를 주로 고백하는 신자들이 한 교회이다. '우리' 교회의 이면에는 '너희' 교회가 있다. '작은' 교회 이면에는 '큰' 교회가 있다. 그러나 사용할 수밖에 없는 상황이라면 공격적인 언어와 태도를 취할 필요가 없다. 작은 교회 사역자와 교인은 진리에 대한 의식화가 필요하다. 의도적 작은 교회는 진실한 자의식과 자부심이 있어야 한다. 건전한 자의식은 진리에서 비롯된다. 과장되고 포장된 자의식은 언제든지 붕괴되며, 오히려 자괴감을 준다. 사회적 집단으로서 다른 종교단체나 교회와 비교받는 과정에서 긍정적으로 평가를 받는 독특성을 개발하여 인식할 필요가 있다. 그래야 긍정적이고 건강한 사회 정체성을 유지하고 발전시키고 향상시킬 수 있다.

나가는 말

새 질서가
있는 곳

8년간 목회하던 교회를 사임하기 2주 전, 후배 목사들에게 이끌려서 대구 시내 중심에 위치한 카페 '풍경'에 갔다. 주일에 영업을 하지 않는 크리스천 카페이다. 교회를 개척하기로 한 장소였다. "개척할 교회 이름을 생각해 둔 것이 있느냐"고 후배들이 물었다. 2·28 공원을 내려다보니 찬 기운이 스며드는 겨울도 절정으로 접어들어 잎이 다 떨어져 가는 앙상한 나무가 보였다. 내 모습, 내 목회 인생과 같았다. 잎은 다 떨어지고 둥치마저 찍혀 버린 모습! 나는 '풍경이 있는 교회'가 어떠냐고 대답했다. "다방 이름과 같다", "이름이 길다", "사찰의 풍경을 연상시켜서 종교다원주의 냄새가 난다", "장난 같다"라는 말을 많이 들었다.

시인과 촌장의 '풍경'이라는 노래가 있다. "세상 풍경 중에서 제일 아름다운 풍경 모든 것들이 제자리로 돌아가는 풍경." 카페지기에게 왜 카페 이름을 풍경으로 지었냐고 물었다. 창세기 1장의 "하나님이 보시기에 좋았더라!"는 말씀에서 '풍경'을 따왔다고 했다. 어떤 교회를 보면 "하나님이 보시기에 좋았더라" 하실까? 하나님께서 디자인하신 모습 그대로 모든 것이 제자리로 돌아가는 풍경 아닐까?

사람이 하나님의 형상을 회복하는 풍경이 있는 교회
자연을 하나님께서 주신 삶의 터전이요
동산으로 가꾸는 교회
하나님의 의와 평강이 퍼져 가는 통로가 되는 교회
하나님의 은총과 사랑으로 가정이 보금자리가 되도록
인도하는 교회
하나님 나라의 가치와 통치를 실제적으로 구현하는 교회
노동이 기도요 기도가 노동이 되는 교회
상처가 치유된, 하나님 나라의 일꾼을 만드는 교회
경쟁이 아닌 공존으로 공명을 주는 교회
자연스러움과 아름다움과 진솔함이 묻어 나는 교회
패배감과 거절감을 가진 지체가 쉼을 얻고 회복되는 교회
문화 명령(창 1:28)과 지상 명령(마 28:18-20)을 준엄하게
받드는 교회
일용할 양식으로 살아가는 진리를 터득하고 나누는 교회

작지만 생동감 있고 가족같이 친밀한 그림을 그리면
서 풍경 카페에 둥지를 틀었다. 초기 설립 자금이 없기도
했지만 '교회는 건물이 아니고 사람'이라는 말이 가슴에

와 닿았기 때문이다. 도움의 손길로 음향과 비품들을 최소화시켜서 1년간 교회를 꾸렸다. 이후 주중에 모일 공간과 아이들 양육 및 예배에 공간이 필요해 작지만은 않은 공간을 마련하였다. 필요한 비품들을 갖추고 송구영신 예배로 첫 예배를 드렸다. 좋았다. 지금도 교회는 하나씩 필요한 것들이 채워지고 있다.

교회를 시작하고 6개월 정도 나눔을 하였다. 마주 대하여 예배를 드렸다. 식사도 같이 하고, 커피도 나누었다. 얼굴과 얼굴을 마주 대하다 보니 친숙해졌다. 함께 예배드리는 지체들 간에 모르는 사람이 없다. 그러다 보니 무엇인가 하고 싶어 했다. 그래서 예수원에 이·미용 봉사를 가기로 했다. 지금은 1년에 두 차례 예수원을 방문한다. 일하다가 지치고 상처받는 교회가 아닌, 쉬다가 찔리면 봉사하고 힘들면 쉬는 교회가 되었다.

작은 교회이기에 가능하다. 놀고먹는 지체가 없는 교회, 하나님의 가족이 되는 교회이다. 너무 많은 일을 벌여서 탈진하면 좋지 않다. 팔짱을 끼고 앉아 방관하는 구경꾼이 있는 교회도 좋지 않다. 모든 지체가 자신의 역할과 사명에 맞게 조화를 이루며 교회를 세워 가야 한다. VIP도

방관자도, 자리를 독점하거나 의사 결정을 틀어쥐는 소수
가 있어서도 안 된다. 거기서 소외와 이탈, 불만과 불평이
생긴다.

　공허함이 채워지는 곳에는 질서가 필요하다. 가족의
질서이다. 아비 세대가 자녀 세대를 양육하고, 자녀 세대
는 아비 세대를 본받고, 청년 세대가 중간 역할을 하여 세
대를 이어 간다. 의사소통은 쌍방향이다. 언제든지 대면하
여 의사 전달이 가능하다. 함께 식탁에 둘러앉아 오순도
순 얘기를 나누며 밥을 먹는 가족 같은 교회이다. 교인들
이 얼굴도 알고 이름도 알고 형편도 알고 삶에서 받은 상
처도 알아 간다. 나눔과 섬김을 통해 담을 허물고 친해졌
다. '코이노니아'를 생각한다. 소통이 있고, 대화와 토론과
논쟁을 통해 하나를 이루고, 상처를 치유하여 하나님 나
라를 섬기는 일꾼으로 다듬어 가는 것이 코이노니아이다.
권위주의는 배격한다. 권위는 하나님께 오지만, 사람에게
서 인정을 받아야 한다. 인위적인 권위는 배격했다. 수평
적 소통을 통해 문제를 의논하고 처리한다. 의사 결정 구
조가 열려 있어서 누구의 의견이라도 존중한다. 중요한 의
제가 아니면 공식적인 회의 절차를 밟지 않는다. 서로 간

의사소통을 통해 대부분의 문제를 해결해 나간다.

오늘날 한국 교회가 가장 몸살을 앓는 문제는 직분에 대한 그릇된 인식이다. 직분을 계급으로 여기니 많은 신자들이 상처를 받는다. 직분 때문에 교회를 옮기는 신자들도 많다. 직분은 서열이나 계급이 아니라 섬기는 기능이다. 직분자는 가능한 한 세우지 않는다. 할 일을 제대로 하지 않고 권위만 주장하면 세우지 않는 것만 못하다. 작은 교회는 직분을 유연하게 운용할 수 있다. 가족 사이에는 직분이 필요 없고, 맡은 역할이 중요하다. 역할도 일정 기간 제한을 두고 맡으면 된다. 윤번제로 직무를 담당하고, 맡은 자에게 권위를 위임하고, 의사소통 구조가 경직되지 않도록 마음과 뜻을 나눠 일할 수 있다.

풍경이 있는 교회가 여름 수련회를 갔다. 함께 참여한 다른 교회 지체가 말하기를, "여기는 쉬는 사람이 없군요. 아니 쉬고 싶어도 쉴 수가 없군요" 하고 감탄을 했다. 모두가 자발적으로 맡은 일을 하고, 또 빈틈을 메워 가며 봉사를 할 수 있다. 짐을 함께 나눠 진다.

이전에 받았던 직분은 인정하되, 모든 의사 결정과 섬김과 참여에는 공평한 기회와 권리를 주기로 했다. 몇 번의 위기도 있었지만 잘 넘겼다. 작은 교회는 경쟁이라는 단어가 존재하지 않는 교회이다. 승자와 패자를 만들지 않는 교회이다. 성공의 기반이 되거나, 성공을 대리만족하거나, 성공을 추구하는 교회가 아니다. 권세를 부리고 주도권을 행사하고 권위를 주장하는 교회가 아니다. 이제까지 어떤 직분도 임명을 하지 않았다. 목사가 독재하기에 안성맞춤이다. 그래서 스스로 자제하고 근신한다. 고집은 부리지 않는다. 설득을 한다. 설득이 안 되면 설득이 될 때까지 기다린다. 성급하게 가다가 상처를 입는 것보다, 더디게 서로 손잡고 가는 것이 좋다.

허례허식과 과시와 가식은 없애기로 했다. 우리 손으로 할 수 있는 것은 스스로 해결하기로 했다. 중고가 있으면 활용했다. 그래서 교회에 새것이 별로 없다. 간판도 겨우 흉내만 냈다. 이단으로 여기는 분들이 종종 있어서 정체는 밝혀야 할 것 같았다. 그리고 교회 홍보는 하지 않는다.

어떤 명목으로든 교인이나 교회를 이용하지 않고 배려하고 눈물과 수고로 키운다. 가족은 가정이라는 울타리에서 부모와 형제 등을 통해 양육을 받는다. 이용되기 위한 존재가 아니라, 자기실현을 위해 보호받는다. 격려와 견

책을 통해 한 사회의 일원으로 자리를 잡도록 기반을 제공한다. 굳이 양육 프로그램을 하지 않아도, 부모 세대와 청년 세대 그리고 자녀 세대가 다 함께 배우며 영향력을 끼치며 자라 간다.

헌금은 자발적으로 헌금함에 하고, 이름을 거명하거나 주보에 기록하지 않는다. 특별 헌금은 절기 헌금과 선교 헌금이다. 모두 다 흘려 보낸다. 재정 위원들이 수납과 지출을 담당하고 월별로 보고한다. 연말에 전체 결산 보고를 한다. 예산을 세우고 일하지 않는다. 하나님께서 하라고 하시는 일을 한다. 예산에 얽매여 지출하다 보면 예산이 권리가 되기도 하고, 남용이나 오용을 한다. 최소한의 운용 원칙으로 아껴서 사용하고 남으면 흘려 보낸다.

주중에 빈 공간으로 남아 있는 공실률을 줄이기로 했다. 장소를 구하기 어려운 선교 단체들이나 모임에 개방했다. 지금은 일주일에 대여섯 팀이 사용한다. 주방 사용은 항상 민감하다. 그러나 양보와 희생을 통해 자발적 불편함을 감수하기로 했다. 하나님 나라의 청지기로 관리의 책임과 의무가 있다. 머슴이 편하면, 주인이 불편하다. 사용료는 없다. 그러나 자발적인 헌금은 받는다.

작은 교회 목회자가 되기로 결정하면 나사렛 예수의 삶을 따라가야 한다. 예수는 메시아적 소명을 요한의 세례를 통해 인식한 이후에 광야에서 세 가지 시험을 받으신다. 첫 번째 시험은 돌로 떡을 만들라는 시험이다. 상황 부합의 시험이다. 교인들의 요구와 필요를 채워 줄 수 있는, 능력 있고 부지런하고 자상한 목회자가 되려고 하다가 많은 목회자가 탈진하거나 낙오한다. 부르신 분이 맡기신 일에만 충실하여야 한다. 할 수 있는 만큼만 하고 다음은 주인에게 맡겨야 한다. 두 번째 시험은 성전 꼭대기에서 뛰어내리라는 시험이다. 이목 집중의 시험이다. 대중적인 인지도를 높이거나 홍보하여 이름 석 자를 알리려고 하지 않아야 한다. 높이시는 것은 주인의 뜻이다. 세 번째 시험은 사탄에게 절하라는 시험으로, 권세 확보의 시험이다. 사탄에게 절하면 권세는 확보된다. 풍요와 성장과 안정을 희구할수록 사탄은 가까이에서 손짓을 한다. 권세로 목회하지 말고, 권위로 목회하여야 한다. 권위는 위로부터 주시는 것이고, 아래로부터 인정을 받는다.

스스로에게 재갈을 물리는 것은 위험할 수 있다. 자유를 제한하는 행위는 부자연스럽다. 그러나 성숙하지 못하고 가치관과 방향에 혼돈이 있을 때에는 일종의 지침이 필요하다. 경계로 삼는 가치와 의식의 울타리가 필요하다. 위험에 대한 인식과 각성을 가지고 있으면 자의적이거나 방자하지 않다. 건강하고 좋은 대안이 있으면 경계를 넘을 수도 있으나 창의적 대안과 논리가 없으면 자유가 아닌 방종이 된다. 목회자와 더불어 공동체가 함께 다짐하고 공유하는 가치가 필요하다. 그 가치를 의식적으로 반복하여 각인시킬 필요가 있다. 풍경이 있는 교회는 주일 예배의 입례송으로 한웅재의 '소원'을 부른다. 일종의 신앙고백이다.

삶의 작은 일에도 그 맘을 알기 원하네 그 길 그 좁은 길로 가기 원해
나의 작음을 알고 그분의 크심을 알며, 소망, 그 깊은 길로 가기 원하네
저 높이 솟은 산이 되기보다 여기 오름직한 동산이 되길
내 가는 길만 비추기보다는 누군가의 길을 비춰 준다면
내가 노래하듯이 또 내가 얘기하듯이, 살길 난 그렇게
죽기 원하네

삶의 한 절이라도 그분을 닮기 원하네 사랑

그 높은 길로 가기 원하네

그 좁은 길로 가기 원하네

그 깊은 길로 가기 원하네

4년 동안 매 주일 이 찬양으로 고백을 했다. 왜? 예수님이 걸어가신 길이 구구절절 너무나 잘 표현되어 있기 때문이다. 풍경이 있는 교회가 가야 할 길이다. 공동체의 소원이자 나 스스로를 묶고 있는 밧줄이다. 목회자와 공동체는 가치와 방향을 공유하고 공명을 일으켜야 한다. 가치와 방향 설정은 선택이자 제한을 받아들이는 것이다. 가치를 설정하면 다른 가치들을 버린다. 가치의 순서를 바꾸면 본질과 필수조건이 선택과 충분조건으로 바뀐다. 방향은 다른 방향에 대한 포기이다. 포기는 집중을 위한 전략이다. 여기엔 의식적인 선언과 고백이 필요하다. 목회자와 공동체가 함께 의도적으로 가치를 선언하고, 실현하기 위해 집중해야 한다. 공동체가 함께 노래하며 마음에 각인을 해야 유혹에 빠지지 않고 함께 극복할 수 있다.

이제 글을 마치며 화두로 삼았던 '라이벌'로 돌아간

다. '라이벌'(rival)은 '강'(river)에서 파생되었다. 강을 사이에 두고 살아가는 두 부족이 있었다. 그들은 같은 강물을 마시고, 그 물로 농사를 짓고, 그 물에서 고기잡이를 해야 했기에 늘 싸울 수밖에 없었다. 그러나 가뭄이 들어 강바닥이 마르자 서로가 공동 운명체임을 깨닫게 되었다. 교회 생태계도 비슷하다. 살기 좋은 환경에서는 서로 경쟁하며 공존한다. 하지만 자원의 양은 한계가 있다. 무한 경쟁으로 생태계가 파괴되고 있는데도 경쟁하면 무모하다. 그러나 성공한 사람만 살아남는 약육강식과 적자생존, 자연도태의 법칙이 목회 환경에 버젓이 통용되고 있다. 그 길의 끝자락은 바벨탑 문화이다. 크면 클수록 좋다는 조류를 거슬러 배려와 나눔을 통해 공존하고, 자신의 한계를 정하고, 잉여와 여분은 나누고 흘려 보내자. 안식과 희년을 시행하자. 내 것이 아니라 하나님의 것이라고 인정하고, 하나님 나라를 위해 자원을 배분하고 공급하자. 의와 평강을 통한 공존의 생태계를 가꿔 가자. 의도적인 작은 교회는 경쟁 속 생존이 아닌, 공존을 통한 부흥을 꿈꾸는 자의 몫이다. 작은 교회는 하나님 나라의 생태계를 회복시키고 복원하는 대안이다. 나사렛 정신을 가지고 하나님 나라의 숲을 가꾸려는 가난한 자의 터전이다.

한국 교회의 현재 상황에서 작은 교회가 하나의 대안이라고 공감하는 분이 많을 것이다. 그러나 작은 교회는 대안을 넘어, 교회의 본질을 추구하고자 하는 노력이고, 지배적인 시대 정신에 대한 저항이다. 어쩌면 예수님이 오시기 600년 전에 멸망의 길로 걸어갔던 완고한 유대인들의 모습이 지금 한국 교회의 모습이다. 이사야는 황폐해진 하나님의 숲을 바라보며 누가 책임을 질 것인지 네 탓 내 탓 공방에 끼어들지 않았다. 그렇다고 해서 멍하니 절망 속에서 소망을 포기하지도 않았다. 이사야는 황무한 들판에서 그루터기를 보았다. 그루터기에서 싹이 나고 가지가 움 돋는 환상을 꾸었다. 그 가지와 싹을 통해 황폐하고 황량한 하나님의 숲이 다시 회복되는 광경을 꿈꾸었다.

그 꿈은 나사렛 예수에 의해 실현되기 시작하였고, 그의 제자들을 통해 지금도 실현되고 있다. 작은 교회 운동은 이사야가 꿈꾸었던 그 환상을 현실로 바꾸어 가는 운동이다. 하나님 나라의 생태계를 파괴하는 바벨론의 문화와 가치를 극복하고, 그 생태계를 다시 살리고 회복하는 운동이다. 나사렛 운동으로서 작은 교회는 바벨론 신드롬에 빠진 한국 교회 생태계를 바꾸는 창조적이고도 예언적인 대안이다.

　이 대안은 결코 혼자서 이룰 수 없다. 이 대안은 창조적 소수가 연대하고 연합할 때에 가능성이 있다. 삶의 가치와 방향을 함께하는 그리스도인들이 네트워크를 이루어, 짙은 비관과 절망과 낙심에 뒤덮인 한국 교회의 대안이 될 필요가 절실하다. 이 책은 그들을 향한 초청장이다. 하나의 작은 교회를 위한 이론서가 아닌, 경험을 통해 검증된 하나님 나라 숲을 가꾸는 지침서이다.

닭장 교회로부터 도망가라

A Small Church for the Kingdom Forrest

지은이 정용성
펴낸곳 주식회사 홍성사
펴낸이 정애주
국효숙 김경석 김의연 김준표 박혜란 송승호 오민택
오형탁 이현주 임영주 주예경 차길환 최선경 허은

2015. 7. 23. 초판 발행   2020. 6. 19. 6쇄 발행

등록번호 제1-499호 1977. 8. 1.
주소 (04084) 서울시 마포구 양화진4길 3 전화 02) 333-5161 팩스 02) 333-5165
홈페이지 hongsungsa.com 이메일 hsbooks@hongsungsa.com
페이스북 facebook.com/hongsungsa 양화진책방 02) 333-5161

• 잘못된 책은 바꿔 드립니다. • 책값은 뒤표지에 있습니다.

ISBN 978-89-365-0330-7 (03230)